네 입을 크게 열라 내가 채우리라

KB190422

이 소중한 책을

특별히 _____님께

드립니다.

네 입을 **크게** 열라
내가 채우리라

윤인일 권사 지음

나침반

인생의 길목에서 주저 앉고 싶다면…

성경은 신화나 소설이 아닙니다.

이스라엘 민족의 역사 이야기만도 아닙니다.

성경은, 태초에 말씀으로 하나님과 함께 계셔서, 말씀으로 우주와 만물을 창조하신 하나님의 아들 예수 그리스도께서, 만세 전에 하나님이 계획하신 인류구원의 섭리를 이루시기 위하여 이 땅에 오셔서 우리의 죄를 대속하시고 십자가에 고난당하시고 죽으셨다가 3일 만에 사망 권세를 이기고 부활하심을 증언하는 것입니다.

오늘날 우리들의 생활 속에도 깊숙이 자리 잡은 성경 말씀은 성경 66권 속에서 행하셨던 기사, 이적, 오병이어의 기적은 물론 부활과 생명이 되시는 예수 그리스도의 능력의 말씀으로 일점일획도 거짓이나 변함없이 다 이루시는 언약의 말씀입니다.

"수고하고 무거운 짐 진 자들아 다 내게로 오라 내가 너희를 쉬게 하리라" – 마태복음 11:28

부르시는 주님의 음성을 듣고 예수님께로 나오십시오.

저는 주님을 만나서 12년 동안 고통받던 만성 방광염과 34년 동안 고통받던 선천성 심장판막증을 고침받았습니다.
의술로 치료할 수 없는 불치병의 짐을 지고 고난을 당하고 계십니까?
예수님을 만나보세요!

의학적 해명이나 어떤 논리로도 설명할 수 없는 희귀 질병으로 인하여 친정아버지는 23년, 저는 16년, 제 아들은 7년 동안 고통받았습니다. 그러나 주님을 만나 한순간에 세 사람이 동시에 고침을 받았습니다.
인간의 능력으로 해결할 수 없는 문제의 짐을 지고 방황하고 계십니까?
광야 같은 세상에서 길이요 진리요 생명이신 예수님을 만나보세요.

제 남편은 경마와 도박과 알코올 중독자였습니다.
제가 주님을 만난 후 남편이 중독에서 해방되어 자유를 얻고 사업가가 되었습니다.

"주 예수를 믿으라 그리하면 너와 네 집이 구원을 얻으리라" - 사도행전 16:31

지금, 인생의 길목에서 고난과 역경을 만나 지치고 힘들고 피곤하여 주저앉고 싶다면 제가 만난 예수님을 만나시기 바랍니다. 예수님을 만나서 무명한 자 같으나 유명한 자요, 근심하는 자 같으나 항상 기뻐하고, 가난한 자 같으나 많은 사람을 부요하게 하고, 아무것도 없는 자 같으나 모든 것을 가진 자가 되어 주님이 주시는 참 평안과 기쁨과 하늘의 영광과 시대적인 모든 복을 누리는 황금빛 인생의 주인공이 되시기를 진심으로 바랍니다.

- 저자 윤인일

차례

3부 시련과 고통 속에서도 함께 하신다

4부 내 모든 소망을 이뤄주신 주님!

1부

나를 살리신
주님의 사랑

01
말이 씨가 된다

입학식을 마치고 교문을 나서는데 콧등이 찡하며 눈시울이 뜨거워졌다.

어려운 환경 속에서도 공부하기를 좋아했던 내게 "자라면 서울로 시집가서 너 하고 싶은 공부 마음껏 하며 살아라. 말이 씨가 된단다"라며 격려하시던 외할머니의 말씀이 생각났다.

어렸을 때는 그 말씀이 어디서 유래됐는지 알지 못했다. 주님의 보혈의 은총으로 죄 사함을 받고 그리스도를 나의 구주로 영접한 후에야 성경에 기록된 하나님의 말씀임을 알게 되었다.

"죽고 사는 것이 혀의 힘에 달렸나니 혀를 쓰기 좋아하는 자는 혀의
열매를 먹으리라" - 잠 18:21

한 알의 씨앗이 땅에 떨어져 싹이 나고 자라서 꽃을 피워 열매를 맺기까지 얼마나 오랜 세월이 필요했던가. 수많은 세월

속에 삼켜 왔던 눈물이 쏟아졌다.

"오! 주여, 감사합니다. 내 영혼이 찬양으로 주님께 영광을 돌립니다."

이 죄인의 애통함을 예수께서 들으셨네
못 자국 난 사랑의 손 나를 어루만지셨네
내 주여 이 죄인이 다시 눈물 흘립니다
오! 내 주여 나 이제는 아무 걱정 없어요

내 모든 죄 무거운 짐 이제 모두 다 벗었네
우리 주님 예수께서 나와 함께 계신다오
내 주여 이 죄인이 무한 감사드립니다
나의 몸과 영혼까지 주를 위해 바칩니다

오늘같이 기쁘고 좋은 날 나는 왜 울고 싶을까? 세상이 떠나갈 듯 큰 소리로 그리운 어머니를 불러보고 싶다. 머리에서 발끝까지 성한 곳 하나 없는 몸으로 가난 속에서 고생하는 딸자식 걱정에 눈물 흘리시던 내 어머니….

태어날 때부터 병을 안고 태어나 어머니의 애를 태우며 살아온 내가 나이 50을 바라보는 지금, 만학도 대학생이 되어 자가 운전하며 학교에 다니는 모습을 어머니께 보여드릴 수 없는 이 현실이 너무도 슬프다.

02
싹 트기 전에 멍든 씨앗

나는 1949년 전남 장흥에서 아버지 윤복태 씨와 어머니 정재옥 씨의 8남매 중 오빠 하나를 둔 맏딸로 태어났다.

우리 가족은 앞을 못 보시는 외할머니, 반신불수인 이모와 함께 외가댁에서 살았다. 아버지가 처가살이를 하게 된 것은 외할머니가 8남매를 낳으셨지만 자라면서 6남매가 죽고, 여덟 살에 중풍으로 반신불수가 된 맏딸과 막내딸인 우리 어머니만 남았으니, 외가댁에서 데릴사위를 원했기 때문이었다.

자식을 잃은 외할머니는 화병으로 앞을 볼 수 없게 되었고, 여유 있던 재산도 다 없어져 남은 것은 논 600평과 밭 700평이 전부였다. 전답은 많지 않았지만 아버지께서 대장간을 경영하셨기에 생활에는 별 어려움이 없었다. 하지만 부모님께서는 집안에 끊이지 않는 우환을 근심거리로 여겼다.

내 피붙이 4남 4녀 중 오빠와 남동생 둘이 선천성 불치의 피부병을 갖고 태어났고 나는 선천성 심장판막증과 신경쇠약을 갖고 태어났다. 나는 태어난 후부터 잦은 병치레를 했는데 어떤 날은 하루 세 번이나 경기를 일으켜 부모님의 간담을 녹였다고 한다. 그리고 세 살이 되던 해 홍역을 치르던 중 백일기침에 걸려 해소천식이라는 고질병을 얻게 되었으니 나의 투병 생활은 갓난쟁이 때부터 시작되었다.

우리 집은 가난했지만 화목했다. 엄격하면서도 자상하고 인자하신 아버지와 현모양처이신 어머니 슬하에서 우리 형제들은 즐겁고 행복했다. 때때로 외할머니가 들려주시던 옛날이야기가 재미있었고, 교육자이셨던 외할아버지를 따라 14살에 북간도에 가서 생활했던 이모의 이야기도 재미있었다.

이모는 17살 되던 해 후손이 없는 집에 씨받이로 들어가 반신불수의 몸으로 아들을 낳았다. 그 아들을 자신의 목숨보다 더 귀하게 여기며 길렀는데 아들이 5살이 되자 아버지가 데려갔다. 이모는 인생의 전부였던 아들과 헤어진 후 눈물로 세월을 보내며 아들과 다시 만날 날만을 기다리며 살았는데 남북이 가로막혀서 죽기 전에 아들을 만날 수 있을지 모르겠다며 눈물을 흘리곤 했다. 당시 나는 어린 나이였지만 아들을 그리워하는 이모의 모습을 볼 때마다 마음이 아팠다.

03
세상 의학으로 고칠 수 없는 병

내가 초등학교 입학하고 얼마 지나지 않아 학교 운동장에서 오빠 친구들이 오빠를 도마뱀이라고 놀리는 것을 보았다. 피부가 뱀 허물처럼 생겼다고 놀리는 것이었다. 말 한마디 못하고 울고 있는 오빠를 보니 너무 슬펐다.

그때부터 나는 내가 오빠의 동생이라는 것이 친구들에게 알려질까 봐 오빠를 피해 다녔다. 그리고 며칠이 지난 어느 날 저녁 아버지가 술을 드시고 집에 오셔서 오빠를 불러내시더니 도랑물에 집어넣고 돌로 오빠의 몸을 문지르기 시작하셨다. 오빠는 아프다고 소리치며 소리 내어 울었다. 아버지는 말없이 눈물을 흘리셨고 어머니와 나도 같이 울었다.

아버지는 오빠를 데리고 유명한 병원들을 찾아다니셨다.

그러나 가는 곳마다 뼈에서 올라오는 피부병이라 현대 의학으로 고칠 수 없다는 이야기만 들어야 했다. 그때부터 나의 장래희망은 의사가 되는 것이었다.

눈을 뜨고도 앞을 보지 못하는 외할머니와 8살에 중풍으로 반신불수가 된 이모, 선천성으로 불치의 피부병을 갖고 태어난 오빠와 두 남동생 그리고 선천성 심장판막증과 신경쇠약이라는 병을 갖고 태어나 성한 날 없이 살아가는 나까지….

나는 어려서부터 '사람은 왜 이렇게 아픔의 고통 속에서 살아야 할까?'라는 이해할 수 없는 의문으로 고민을 했고 의사가 되어 병든 사람을 고쳐주고 가난하고 불쌍한 사람들을 도와주고 싶다고 생각했다.

04
대들보가 무너지다

　내가 초등학교 4학년이 되던 해 여름, 아버지께서 주무시다
가 병이 나셨다. 머리에서 발끝까지 전신이 무겁고 떨리며 뼈
가 시리고 아파서, 여름인데도 방에 불을 피우고 솜이불을 덮
어야 했다. 병원에도 가고 약도 써봤지만 별 효과가 없었다.

　아버지가 병석에 눕게 되자 어머니는 오빠와 나를 데리고 농
사를 지었고 농한기에는 산에서 나무를 해 읍내에 내다 팔아서
생활을 꾸려나갔다. 하지만 어머니 혼자서 아버지를 간병하며
많은 식구들을 돌보시기에는 역부족이었다.

　내가 초등학교 졸업을 하자 어쩔 수 없이 오빠를 머슴살이
보내고 어머니는 생선 장사를 시작하셨다. 그 후 나는 어머니
대신 집안일을 도맡았다.

　어린 나이에 대식구의 살림을 맡아서 한다는 것이 너무도 힘
들었다. 밤이면 온몸이 쑤시고 아파서 잠을 이루지 못하고 악

몽에 시달리며 진땀을 흘렸다. 밤새 시달리고 나니 새벽이면 온몸에 힘이 빠졌다. 그러나 나의 고통을 어머니께 말씀을 드릴 수 없었다. 매일 새벽 4시에 나가셨다가 밤중에 들어오시는 어머니의 모습을 볼 때면 나의 힘듦은 저만치 물러나고 너무나 마음이 아팠다.

이런 환경 속에서도 부모님께서는 깊은 사랑의 울타리를 쳐주셨기에 우리 형제들은 큰 불평하지 않고 잘 자랐다. 당시 내가 정말로 참기 힘들었던 것은 가난도 육신의 질병도 아니었다. 너무나 공부가 하고 싶은 것, 바로 학문에 대한 열정, 목마름이었다.

나는 아무리 힘들고 몸이 아파도 하루도 책을 읽지 않고는 견딜 수가 없었다. 아무리 몸이 아파도 밤이면 피곤함도 잊은 채 시간 가는 줄 모르고 공부하는 나의 모습을 볼 때마다 교육자의 아내로서 남달리 교육열이 높았던 외할머니는 안쓰러워하시며 "너는 꼭 서울로 시집가서 너 하고 싶은 공부 마음껏 하며 살아라. 말이 씨가 된단다"라며 격려하셨다. 그때마다 나는 힘을 얻었고 열심히 공부해서 의사가 되겠다고 다짐했다.

나의 꿈은 산산조각이 나고

어려운 환경 속에서도 성실하게 살아가는 우리 가족에게 왜 그렇게도 우환이 겹치는지, 머슴살이 갔던 오빠가 위장병이 생겨 돌아왔다. 정말 막막한 일이었다.

언젠가 기회가 되면 도시로 나가 직장생활하면서 야간 학교에 가기를 바라던 나는, 이번 기회에 집을 떠나기로 마음먹고 부모님께 말씀드렸다. 나의 건강 상태를 아시는 부모님은 당연히 허락하지 않으셨지만 이미 결심을 한 나는 부모님의 말씀에 수긍할 수 없었고 부모님도 어려운 가정 형편 때문에 나를 붙잡아 둘 수 없어 눈물을 흘리시며 허락하셨다.

광주로 올라온 나는 한 시외버스회사에 안내원으로 입사를 했다. 열일곱 살의 어린 나로서는 너무나 힘든 직업이었지만 참고 견뎠다. 그러나 아무리 버텨도 내가 생각했던 것처럼 공부할 시간이 생기지 않았다. 오히려 밤만 되면 팔다리가 쑤시고 숨이 차서 괴롭고 고통스러웠다. 가을이 되어 날씨가 쌀쌀해지면서 감기몸살이 잦았고 심한 기침 때문에 결핵 환자라는 오명을 쓰고 5개월 만에 퇴사를 당했다.

그길로 집으로 돌아와 한 해 겨울을 보내고 이듬해 봄 다른 시외버스회사에 입사를 했다. 하지만 그 회사에서도 건강이 좋지 않다는 이유로 퇴사를 당했다. 어차피 가난 속에서 살아야 할 운명이라면 몸이라도 건강하게나 태어날 것이지 태중에서부터 병 보따리를 싸들고 태어나 천대를 받으며 살아야 하는 내 신세가 한없이 서러웠다.

칡덩굴처럼 가난과 우환이 에워싸고 있는 현실 속에서도 바르고 성실하게 살고자 노력하는 나의 마음을 세상은 외면했다. 하지만 이 세상 모두가 나를 외면해도 언제나 넓은 가슴으로 나를 맞아줄 부모님이 계시기에 나는 다시 집으로 발걸음을 옮겼다.

영원한 나의 집을 찾아서

20살 때였다.

햇살이 따뜻한 봄날, 밤이 늦도록 공부를 하다가 잠자리에 들었다.

그런데 새벽에 갑자기 오른쪽 어깨가 톱으로 잘라내는 것처럼 아팠다. 병원에서 응급치료를 받자 심한 통증은 가셨지만 머리에서 발끝까지 전신을 무겁게 짓누르고 뼈가 시리고 아파서 솜이불을 덮고 누워 지냈다.

7년 전 아버지에게 나타났던 증상과 똑같았다.

가끔 심한 통증 때문에 견딜 수가 없었다. 일 년 후 방광염까지 겹쳐서 나의 투병 생활은 더욱 힘이 들었다.

꿈도 소망도 상실한 채 병마의 고통 속에서 살아야 하는 운명이 야속하기도 하고, 가난한 살림살이에 우환까지 겹쳐 고생하시는 어머니를 볼 때면 가슴이 아팠다.

병든 아버지를 간병하며 많은 식구들을 돌보기도 벅찬 어머니를 도와드리기는커녕 나까지 짐이 된다는 생각에 내 자신이 너무나 미웠다.

'꿈도 소망도 끊어진 몸 살아서 무엇 하나? 차라리 죽자!'

이것이 어머니를 도와드리는 길이라는 생각에 '오빠와 동생이 있는 서울에 간다'는 편지 한 통을 남기고 집을 나섰다.

광주에 도착해서 시내 약국을 돌아다니며 수면제 30알을 샀다. 그리고 밤 10시쯤 변두리 야산 아래로 갔다. 수면제를 입에 넣으려는 순간 쇠약해진 아버지의 모습과 어머니의 얼굴이 떠올랐다.

부모님과 동생들이 보고 싶었다. 눈물이 하염없이 흘렀다. 얼마나 울었는지 울 힘마저 없을 때까지 울었다.

'아버지! 어머니! 이 못난 딸자식을 용서해 주세요'

마지막 인사말을 마치고 수면제를 입에 넣고 풀 위에 누웠다. 그리운 얼굴들이 눈앞에 아른거리더니 정신이 몽롱해졌다. 다시 돌아올 수 없는 머나먼 길을 향해 한 걸음 한 걸음 걸어가고 있었다.

시간이 얼마나 지났는지 눈을 떴을 때 나는 저승이 아닌 이승에 있었다. 쓸모없는 인간이라 죽음도 나를 거부했는지…. 참으로 얄궂은 운명이었다. 나는 밤중에 논에 물고를 보러 가던 농부에게 발견되어 살게 되었다.

모질고 모진 게 목숨이라더니 죽음마저 내 뜻대로 이루지 못하고 추한 꼴만 보였으니 너무나 황당하고 창피해 한마디 말도 못 하고 도망치듯이 그 집을 나와 광주역으로 향했다.

앞날이 막막했다.

다시 집으로 돌아갈 수는 없었다. 건강상의 문제로 직장생활을 할 수도 없으니 어떻게 해야할 지 걱정이 태산이었다. 대합실에서 하루를 서성거리다가 밤에 서울행 완행열차를 타고 상경했다. 서울역에 내려 오빠와 남동생이 자취하는 구의동으로 갔다. 조그만 단칸방에서 더불어 사는 신세가 되었다.

07

운명 속의 만남

서울에서 지낸 지 몇 개월 후 오빠 친구와 사귀게 되었다.

그는 왜소한 체격에 말주변도 좋지 않아 호감형은 아니었지만, 외모와는 달리 착한 성격에 모든 학문에 뛰어난 사람이었다. 여섯 살 때 야학에서 일주일 만에 한글을 다 배웠고 일곱 살때 서당에서 3일 만에 천자문을 다 습득했다고 했다.

그 소문이 마을에 자자해 그 지역 초등학교에서 "우리 학교로 오면 키워주겠다"고 했지만 그의 부모님은 그를 학교에 보낼 수가 없었다고 했다.

당시 그의 집안은 아버지가 병환 중이라 어머니가 장사를 해생계를 이어가는 형편이었고 그는 동생들을 돌봐야 했기에 학교에 갈 수가 없었다고 했다. 그가 "학교에 보내 달라"고 날마다울면서 떼를 써도 그의 부모님은 학교에 보내지 않았단다.

학교를 다니지 못해 화가 난 그는 여덟 살에 집을 나와 이모네 집에서 몇 년 동안 꼴머슴살이를 하다가 서울로 와 직장생활을 하게 되었다고 했다.

우리는 공부에 한이 맺힌 사람이라는 공통점으로 빠르게 가까워졌고 쉽게 결합할 수 있었다. 그는 주조기능자로 회사에서 한 분야를 하도급받는 능력 보수제라서 수입이 매우 좋았다. 규모 있게 생활하면 1년만 모아도 서울에서 집 한 채는 살 수 있을 정도였다.

그동안 가난에 지친 삶을 살아왔기에 그 누구보다 근면 성실하게 생활하며 잘 살 수 있을 거라고 믿었다. 그러나 기대했던 신혼의 꿈은 허무하게 무너지고 시련과 연단의 고통이 시작되었다.

학문적으로는 뛰어난 천재성을 타고난 사람으로 인정 많고 선한 사람이었지만 결혼 생활을 시작한 지 일 년도 되지 않아 경마장에 다니기 시작했다.

첫아이를 낳고 둘째를 낳아도 그는 변함이 없었다. 나의 건강은 더욱 나빠져 위장병까지 생겨 속이 쓰리고 아프기를 반복하며 쓰디쓴 녹색 분비물까지 올라와 힘들었다. 거기에 아이들마저 병치레가 잦았다.

남편이 경마장을 다녀오는 날이면 나는 바가지를 긁고 혈기를 부렸다. 얼마 지나지 않아 우리는 상식적인 가정불화를 벗어나 치열한 전쟁을 치르게 되었다.

08
새로운 삶터를 찾아서

경마장이 있는 서울이 싫었다. 우리는 서울을 떠나기로 결심하고 남편 직장을 경기도 화성으로 옮긴 후 이사를 했다. 남편은 이사 후 경마장에도 안 가고 열심히 일했다. 생활이 안정되자 계를 들고 저축도 하게 되었다. 일 년 후 곗돈을 타면 집을 지을 계획도 세웠다.

그런데 어느 날부터인가 남편의 행동이 이상했다.

동네 사람들과 어울려 도박을 시작한 것이다. 그러더니 먹지 못하던 술까지 마시고 사람들과 싸움을 벌이기까지 했다. 남편은 도박으로 돈을 잃은 날이면 집에 들어와 술주정을 했다.

우리 가정은 다시 아수라장이 되었고, 나의 건강은 최악의 상태에 빠져 말로 형용할 수 없었다. 쓰디쓴 녹색 분비물이 역류해 음식을 먹을 수 없었고 만성 방광염으로 허리가 아파 앉고 서기도 힘들었다. 그리고 오른쪽 반신이 저리면서 굳어갔다. 그보다 고통스러운 것은 기침을 할 때마다 가슴이 찢어지게 아프면서 객혈하는 심장판막증이었다. 밤마다 악몽에 시달리며 잠을 이루지 못하고 고통에 대한 두려움과 공포 속에 떨며 불면증에 시달렸다. 죽음 앞에서는 삶에 애착을 더 강하게 갖는 것이 인간의 본능인지라 죽는다는 것이 두려웠다. 살 수만 있다면 지푸라기라도 잡고 매달리고 싶었다.

절박한 생사의 갈림길에서 하늘을 향해 간절한 심정을 호소했다.

"천지신명이시여! 나를 살려주세요. 사랑하는 아이들을 두고 죽을 수는 없습니다."

날마다 몸부림치며 눈물로 호소해도 도움의 손길은 나를 외면한 채 병세는 깊어갔고 서서히 죽음의 그림자가 다가오고 있었다.

이 어린것들을 두고 어찌 죽을 수 있단 말인가?

내 자식들에게는 가난과 병마와 무지의 서러움을 물려주지 않으리라 다짐하고 또 다짐했건만, 지금 가난하고 병든 내가 달리 무엇을 해줄 수 있단 말인가?

'차라리 같이 죽자'라고 마음을 먹었다.

'그런데 만일 실수해서 죽지 않고 잘못되면 어쩌나?'하는 생각에 어떻게 죽을까? 고심을 했다.

이 와중에 집주인은 갑자기 방을 비우라고 통보했다.

나는 방을 구하기 위해 동네를 돌아다녔고 마침 마음에 드는 방이 있어 계약을 했다.

일주일 후 이사를 하기로 하고 집으로 돌아오는 길에 평소 알고 지내던 아주머니를 만났다.

아주머니는 "어디를 다녀오냐?"고 물었다. 나는 "저 너머 ㅇㅇ네 집으로 이사를 하려고 방을 계약하고 오는 길"이라고 대답했다. 그러자 그 아주머니께서는 깜짝 놀라며 '안 됐다'는 표정을 지으며 이렇게 말했다.

"그 집은 예수쟁이 집이야. 그 집에서 살려면 예수를 믿어야 한데."

이 말을 듣고 보니 방을 잘못 얻었다는 생각이 들었다.

하지만 겉으로는 태연하게 호언장담을 했다.

"나는 그 집으로 이사해도 절대로 예수를 믿지 않을 거예요. 내가 그 집에 종살이하러 가는 것도 아닌데 집주인이 예수 믿는다고 세 사는 사람까지 예수를 믿어야 하는 법이 어디 있어요? 우리는 시댁도 친정도 엄격한 유교 집안이니 무슨 일이 있어도 절대로 예수를 믿지 않을 거예요."

생명의 은인을 만나다

"내가 그 집에 이사해도 절대로 예수를 믿지 않겠다"고 한 말이 주인아주머니 귀에 들어갔는지 내게 "예수 믿으라"는 말을 하지 않았다. 소문에는 지독한 예수쟁이라 누구든지 주인아주머니를 만나면 예수쟁이가 된다고 들었는데, 예수 믿으라는 말을 하지 않아 다행이었다.

한 달이 지나고 두 달이 지나도 아무 말이 없었다.

3개월이 지난 5월 중순 어느 날 아침, 모자 달린 털 점퍼를 입고 아침밥을 짓기 위해 우물가에서 쌀을 씻고 있는데 주인아주머니가 "아기 엄마, 젊은 사람이 병 고칠 생각은 안 하고 날마다 누워만 있으면 어떻게 해요? 얼굴에 병색이 짙은 것을 보니 중병 같은데 나와 같이 교회 나갑시다. 예수 믿으면 못 고치는 병이 없어요"라고 말했다.

주인아주머니의 그 말이 내게는 왠지 미덥지 않고 어리석은

행위라는 생각이 들었다. 그리고 '예수를 믿느니 차라리 성당에 나가겠다. 수다스런 예수쟁이가 되느니 천주교인이 되는 게 낫겠다'라고 생각했다.

주인아주머니는 내가 전도를 받아들이지 않자 더는 권유하지 않았다.

그리고 2개월이 더 지났다.

절대로 예수만은 믿지 않겠다고 장담하던 내게 아주머니가 "내일 주일인데 같이 교회에 가자"고 하셨다. 나는 나도 모르게 "가겠다"고 대답을 했다. 그리고 다음 날부터 교회에 나가기 시작했고, 주인아주머니인 권사님의 권유에 이끌려 새벽기도를 다니게 되었다.

2부

믿음으로
사는 인생

01

아름다운 신비의 세계를 발견하다

새벽기도를 시작한 지 한 달쯤이 되던 날 새벽 기도 중에 권사님이 내 등에 손을 얹고 기도를 하셨다. 그 순간 갑자기 강단에서 별이 반짝하더니 온몸이 뜨거워지면서 입에서 기도가 터져 나왔고 가슴속 깊은 곳에서 형용할 수 없는 기쁨이 솟아났다. 그리고 불안하고 초조했던 마음과 두려움이 사라지고 어린 시절 부모님 슬하에서 마냥 기쁘고 즐겁고 평안했던 마음이 되었다. 또한 12년 동안 앓던 만성 방광염을 치유 받았다. 나는 온 천하를 얻은 것처럼 기뻤다.

온 세상이 아름다워 보였다.

그동안 권사님 손에 이끌려 교회에 나갔던 내가 다음날부터는 새벽 2-3시에 일어나 혼자서 교회에 나가 기도를 드렸다. 10분의 기도가 1시간 되고 1시간의 기도가 3시간이 되었다. 그리고 기쁘고 즐거운 마음으로 모든 예배에 빠지지 않고 참석했다.

주일예배 시간 성가대원들이 부르는 찬송 소리가 마치 천사
들의 합창처럼 아름답게 들리면서, 가사 한 구절 한 구절이 주
님의 능력과 권능을 찬양하는 내 영혼의 신앙고백이 되었다.

주 하나님 지으신 모든 세계 내 마음속에 그리어 볼 때
하늘의 별 울려 퍼지는 뇌성 주님의 권능 우주에 찼네
주님의 높고 위대하심을 내 영혼이 찬양하네
주님의 높고 위대하심을 내 영혼이 찬양하네

숲속이나 험한 산골짝에서 지저귀는 저 새소리들과
고요하게 흐르는 시냇물은 주님의 솜씨 노래하도다.
주님의 높고 위대하심을 내 영혼이 찬양하네
주님의 높고 위대하심을 내 영혼이 찬양하네
주 하나님 독생자 아낌없이 우리를 위해 보내주셨네
십자가에 피흘려 죽으신 주 내 모든 죄를 대속하셨네
주님의 높고 위대하심을 내 영혼이 찬양하네
주님의 높고 위대하심을 내 영혼이 찬양하네

내 주 예수 세상에 다시 올 때 저 천국으로 날 인도하리
나 겸손히 엎드려 경배하며 영원히 주를 찬양하리라
주님의 높고 위대하심을 내 영혼이 찬양하네
주님의 높고 위대하심을 내 영혼이 찬양하네

찬송가 가사처럼 새들의 지저귀는 소리나 시냇물 흐르는 소리가 주님의 솜씨를 노래하는 찬송으로 들렸고 풀 한 포기, 돌하나도 예사로 보이지 않았다. 모두가 하나님이 지으신 창조물이기에 신기하고 아름다워 보였다. 이 아름다운 세계를 알지 못해 수많은 세월을 병마의 고통 속에서 살아온 것이 너무나 안타까웠다.

새롭게 태어난 인생, 세상에서 가장 귀하고 보람 있는 일, 주님을 증거하는 일을 위해 나의 생명을 바치리라 다짐했다. 나는 그때부터 새벽이면 남보다 먼저 교회에 나가 내가 제일 먼저 주님을 만나야겠다는, 은혜를 사모하는 열정을 갖게 되었고 행여나 주님이 나를 버리시면 어쩌나 하는 두려운 생각에 '주님! 내 일생 주님께 쓰임 받기 원합니다. 내 마음과 생각과 믿음을 지켜주시고 죄와 모든 유혹을 이길 수 있는 분별력과 능력을 주소서!'라고 기도하며 날마다 성경을 읽기 시작했다.

성경 말씀이 얼마나 좋은지 말씀에 깊이 빠져 17일이면 신구약을 통독하기도 하고 때로는 한 달, 두 달, 일 년이면 5번 이상 통독을 했다. 하루도 성경을 읽지 않고 기도를 하지 않으면 잠을 잘 수가 없었다. 이렇게 성경을 읽다 내 눈과 마음을 붙잡는 진리를 발견했다.

"겸손과 여호와를 경외함의 보상은 재물과 영광과 생명이니라" - 잠 22:4

이 말씀이 내 인생의 목적을 이끄는 원동력이 되었다.

하나님의 약속의 말씀을 붙잡고 육체가 찢기는 아픔과 혹독한 핍박과 가난과 고난 속에서도 기쁘고 즐거운 마음으로 나의 영원하신 기업, 나의 소망되신 주님을 찬양하며 참고 견딜 수 있었다.

나의 영원하신 기업 생명보다 귀하다
나의 갈 길 다 가도록 나와 동행하소서
주께로 가까이 주께로 가오니
나의 갈 길 다 가도록 나와 동행하소서

세상 부귀 안일함과 모든 명예 버리고
험한 길을 가는 동안 나와 동행하소서
주께로 가까이 주께로 가오니
나의 갈 길 다 가도록 나와 동행하소서

어둔 골짝 지나가며 험한 바다 건너서
천국 문에 이르도록 나와 동행하소서
주께로 가까이 주께로 가오니
나의 갈 길 다 가도록 나와 동행하소서

02

다이아몬드와도 바꿀 수 없는
기도 시간

동네 모퉁이를 돌아서 언덕에 올라서면 교회가 보였다.

교회 본당에 불이 켜있지 않은 날이면 내가 승리했다는 마음
이 들어 흐뭇했지만 어쩌다 한 번이라도 나보다 먼저 나온 사
람이 있으면 귀중한 보물을 빼앗긴 것처럼 마음이 허전해 견딜
수 없었다.

기도할 때마다 배우지 못해 한 맺힌 서러움에 억장이 무너지
는 슬픈 마음을 하나님 앞에 쏟아놓고 탄식했다.

"하나님 아시지요? 저는 하루도 공부하지 않고는 못 견딘다
는 거. 하나님 공부하고 싶어요. 도와주세요. 가난과 병마와 무
지를 이기고 승리하여 온 천하 만민에게 하나님의 살아 계심과
크고 높고 위대하신 사랑과 능력과 권능을 증거하는 문서선교
하는 간증자가 되겠습니다."

간절한 마음으로 기도했다.

그리고 사랑하는 부모님과 형제들의 구원과 교회 부흥과 목사님과 나라와 민족을 위한 기도와 세계 복음화와 전 세계 각국에 파송된 선교사님들을 위하여 기도드리고 남북 이산가족의 상봉을 위한 기도와 세계 각국에 흩어져있는 해외 교포들의 재회를 위하여 기도를 드렸다.

남북 이산가족 상봉을 위한 기도를 할 때면, 어린 시절 이모가 북간도에 두고 온 아들을 그리워하면서 눈물짓던 모습이 떠올라 안타까움에 몸부림을 치는 간절한 기도를 하게 되었다. 기도할 때마다 새 은혜를 체험하게 되니 기도 시간이 너무나 기쁘고 즐거워 시간 가는 줄 몰랐다.

> 내 기도하는 그 시간 그때가 가장 즐겁다.
> 이 세상 근심 걱정에 얽매인 나를 부르사
> 내 진정 소원 주 앞에 낱낱이 바로 아뢰면
> 주 나를 위해 복 주사 큰 은혜 받게 하시네
>
> 내 기도하는 그 시간 내게는 가장 귀하다.
> 저 광야 같은 세상을 끝없이 방황하다가
> 위태한 길로 나갈 때 주께서 나를 이끄사
> 그 보좌 앞에 나아가 큰 은혜 받게 하시네

내 기도하는 그 시간 그때가 가장 즐겁다.

이때껏 지은 큰 죄로 내 마음 심히 아파도

참 마음으로 뉘우쳐 다 숨김없이 아뢰면

주 나를 위해 복 주사 새 은혜 부어주시네

내 기도하는 그 시간 그때가 가장 즐겁다

주 세상에서 일찍이 저 요란한 곳 피하여

빈들에서나 산에서 온밤을 새워 지내사

주 예수 친히 기도로 큰 본을 보여 주셨네

　온 누리가 잠든 고요한 시간, 천지를 진동하는 나의 찬송과 눈물의 기도는 주님의 보좌를 움직이는 능력이 되었다.

　남편의 방탕과 혹독한 핍박 속에서도 매일 공부하고 성경을 읽고 신앙 서적을 빌려다 보고 아이들과 함께 가정예배를 드렸다. 매일 기쁨으로 예배를 드리다 보니 잔병치레가 잦던 아이들의 건강이 점점 좋아졌고 갓난아기 때부터 중이염을 앓던 3살짜리 작은 아이가 기도 중에 치유를 받았다.

03
생명을 살리기 위한 사랑의 매

    1980년 봄 어느 날 저녁, 아이들과 가정예배를 드리고 마치려는 순간 "아무렇게나 누우세요"라는 목사님의 음성이 들리면서 오십대 초반의 여인이 기도실에 누워 목사님께 기도를 받는 환상이 보였다. 꿈을 꾸는 것도 아니고 비몽사몽 간의 일도 아니었다. 멀쩡한 현실 속에서 너무나 생생한 환상이라 몹시 궁금했다.

    그런데 며칠 후 '모친 위독'이라는 전보를 받았다.

    서둘러 친정으로 달려가니 어머니가 중풍으로 쓰러져 병원에 모시고 갔지만 병원에서 희망이 없다며 받아 주지 않아 어쩔 수 없이 집으로 모셔 왔다고 했다.

    평생을 남편과 자식들을 위해 고생만 하시다가 53세의 젊은 연세에 이렇게 세상을 떠나야 하다니…. 하늘이 무너지는 것 같았다. 어머니를 부둥켜안고 통곡을 해도 어머니는 아무 반응도 없는 의식 불명이었다.

'어머니를 살려야 한다. 인간의 의술로는 불가능할지라도 나의 하나님은 죽은 자도 살리시고 38년 된 중풍 병자도 고쳐주신 전능하신 하나님이시니, 주님을 믿고 기도하면 반드시 어머니를 살려주실 것이다.'

나는 이런 확신이 생겼다.

아버지께 예수를 믿어야만 어머니를 살릴 수 있다고 말씀드리고 이웃 마을 교회의 전도사님을 모셔와 예배를 드렸다. 예배를 드리기 시작한 지 3일째 되던 날부터 어머니의 의식이 조금씩 회복되기 시작했다.

당시 큰아이가 초등학교 1학년이었던 나는 아이 학교 때문에 집으로 올라올 수밖에 없었다. 대신 서울에서 직장생활을 하던 여동생이 퇴사하고 어머니 간병을 위해 집으로 내려갔다.

전도사님이 하루에 세 번 집을 방문해 기도를 해주셨는데 어머니의 의식이 회복되자 어머니를 교회로 모시고 밤낮 기도와 찬송과 말씀으로 병마를 물리치기 위해 최선을 다했다.

주님의 사랑의 능력으로 20일 만에 기적이 일어났다. 자리에 누워 전신을 가누지 못해 대소변을 받아냈던 어머니가 일어나신 것이다. 비록 왼쪽에 마비가 있었지만 거동할 수 있게 되셨으니 어찌 하나님께 감사하지 않을 수 있겠는지.

비록 몸은 멀리 떨어져 있지만 새벽마다 어머니의 온전한 회복을 위해 간절한 마음으로 기도를 드렸다.

기도 중에 주님의 음성이 들렸다.

"온전한 몸으로 지옥에 가는 것보다 불구의 몸으로 영생에 들어가는 것이 나으니라. 천국에는 절뚝발이도 소경도 없고 온전한 자뿐이니라."

어머니는 어릴 때 주일학교에 다녔다고 하셨다.

택한 백성이 주님의 품을 떠나 돌아오지 않으면 육신을 쳐서라도 그 영혼을 구원하시는 것이 하나님의 뜻이라는 깨달음을 주셨다.

나의 사랑하는 어머니는 하나님의 강권적인 역사 속에서 53세의 젊은 나이에 중풍으로 쓰러져 3년을 고생하시다가 주님의 부르심을 받고 천국으로 가셨다.

04
황무지에 떨어진 복음의 씨앗

1981년 가을 시어머님이 저희 집에 다니러 오셨다.

3개월 전부터 교회 나가고 계신다는 말씀을 하셨다. 시어머님의 말씀을 듣는 순간 너무나 기뻐서 말문이 막혔다. 내가 예수 믿기 전에 우리는 친정도 시댁도 엄격한 유교 집안이라 절대로 예수 믿지 않을 거라고 호언장담했던 말이 생각났다.

그러던 내가 예수님을 영접하고 3년 만에 친정어머니가 구원받고 이제 황무지 같던 시댁에도 복음의 씨앗이 떨어져 시어머님이 주님을 영접하셨으니 놀라운 일이었다. 나는 시어머님이 이렇게 빨리 복음을 받아들이실 것이라고 생각지 못했다.

영생의 축복이 어찌 인간의 의지나 힘으로 되는 일이겠는가?
나는 너무나 기쁘고 감사해서 어머님의 두 손을 붙잡고 "어머니 정말 잘 하셨어요. 이제 주님을 영접하셨으니 어떠한 어려움이 있어도 이기셔야 돼요. 그리고 어머니와 제가 우리 온

식구들을 전도하기 위하여 기도를 많이 드려야 돼요"라고 하자 어머니께서 이렇게 말씀하셨다.

"애야, 나는 교회를 나가도 글을 모르니 성경책도 읽을 줄 모르고 기도할 줄도 모르는 멍텅구리다. 어쩌면 좋으냐?"

"어머니, 하나님은 지식으로 섬기는 것이 아니라 마음으로 섬기는 거예요. 글을 모른다고 낙심하지 마시고 정성을 다하여 주님을 섬기세요. 하나님은 어머니를 사랑하십니다."

5일 뒤 어머니는 시댁으로 내려가셨고 3년 후 세례를 받으셨다.

1982년 어느 날 밤 아이들과 함께 가정예배를 드리는데 주인아저씨가 화난 목소리로 나를 불렀다. 왠지 심상치 않다는 생각이 들었다.

"두 번 다시 말하고 싶지 않으니 당장 이사를 가든지 아니면 예배를 보지 말든지 둘 중에 하나를 택하시오. 나는 찬송 소리만 들으면 소름이 끼치는 사람이오."

순간 가슴이 뜨끔했다.

'오! 주여, 어찌하면 좋습니까? 주님의 은혜를 생각하면 날마다 찬송과 감사의 기도를 드려도 늘 부족하고 아쉬운 마음뿐인데 집 없는 죄로 예배도 마음대로 드릴 수 없으니 주여 불쌍히 여겨주소서!'

가난의 뼈아픈 심정을 아뢰었다.

그리고 다음날 새벽 2시 교회에 나가 하나님께 집 없는 서러움을 호소했다.

'하나님 아버지, 감사합니다. 가난하고 힘없고 병들어 세상에서 쓸모없어 버림받은 이 죄인을 주님이 흘리신 보혈의 능력으로 구원하시고 나의 기쁨과 소망과 생명이 되어 주시니 감사합니다. 주여! 이 은총 주셨으니 나와 아이들이 날마다 마음껏 하나님을 찬양하며 예배드리며 살 수 있는 장막을 주소서!'

만남의 축복

기도를 마치고 나오다가 노 집사님을 만나 어제 저녁 주인아저씨와 있었던 일을 이야기하면서 성도들 가정에 방 나는 것 있으면 알려 달라는 부탁을 했다.

이튿날 오후 노 집사님이 우리 집에 오셨다.

집사님 댁 근처에 집사님이 관리하는 비어 있는 집이 하나 있는데 부엌도 없고 방에 불도 피울 수 없는 집이라 세는 받지 않을 터이니 난로라도 피우고 와서 살아보라고 하셨다.

나는 난로를 피우며 살더라도 마음 편하게 아이들 키우며 마음껏 예배드릴 수 있는 집이면 좋다고 대답했다. 그리고 노 집사님을 따라 집을 둘러보러 갔다.

연탄불도 피울 수 없는 집이라면 보나마나 뻔하겠지만 그래도 신앙생활에 방해 받지 않고 살 수 있는 집을 세도 받지 않고 살라 하니 감사할 뿐이었다.

즐거운 마음으로 노 집사님을 따라가 그 집 앞에 서는 순간 나는 너무나 놀랐다. 그렇게 크고 좋은 집이 이 동네에 있을 것이라는 생각은 전혀 해본 적이 없었다. 나는 꿈을 꾸고 있는 것만 같았다. 어리둥절하여 정신을 못 차리는 나에게 노 집사님은 그 집에 대한 사연을 이야기하셨다.

서울 사람이 고급 자재로 가스보일러까지 설치하여 이 지역에서 제일 가는 최고급 주택을 건축했는데, 공사 마무리 중에 부부에게 문제가 생겨 별거 중이라 집을 방치해 두고 있다는 것이었다. 세는 고사하고 그냥 살라 해도 관리비가 서민들 생활비보다 더 많으니 감히 시골에서 감당할 사람이 없다고 했다.

노 집사님은 어려서부터 신앙생활을 하시던 분으로 청년 때는 중학교 교사로 주일 학교 반사까지 하셨지만 체험적인 신앙은 갖지 못하고 신앙생활 하던 중에 한쪽 눈을 실명하면서 신앙을 회복하기 위하여 열정적인 기도의 동역자와의 만남을 기도하는 중이었다.

나와 노 집사님은 우리의 기도를 들으시고 각자의 필요를 채워주려고 복된 만남의 축복을 허락하신 하나님께 감사의 기도를 드렸다. 우리는 바로 이사를 했고, 궁궐 같은 집에서 하나님의 자녀의 권세를 누리며 마음껏 하나님을 찬양하며 감사와 기도 생활로 하나님께 영광을 돌렸다.

예수를 나의 구주 삼고 성령과 피로써 거듭나니
이 세상에서 내 영혼이 하늘의 영광 누리도다.
이것이 나의 간증이요 이것이 나의 찬송 일세
나 사는 동안 끊임없이 구주를 찬송하리로다.

온전히 주께 맡긴 내 영 사랑의 음성을 듣는 중에
천사들 왕래하는 것과 하늘의 영광 보리로다.
이것이 나의 간증이요 이것이 나의 찬송 일세
나 사는 동안 끊임없이 구주를 찬송하리로다.

주 안에 기쁨 누림으로 마음의 풍랑이 잔잔하니
세상과 나는 간곳없고 구속한 주만 보이도다.
이것이 나의 간증이요 이것이 나의 찬송일세
나 사는 동안 끊임없이 구주를 찬송하리로다.

　이사 온 다음 날부터 새벽마다 노 집사님을 깨워 함께 새벽
기도를 다녔다.
　새벽 한 시, 두 시에 나가 기도를 하고 때로는 철야를 하면서
우리는 그림자같이 함께 다니면서 서로 의지하며 기도의 동역
자가 되었다.

픽박과 고난은 더해가고

믿음이 깊어갈수록 남편의 방탕과 픽박은 더해갔다.

경마와 도박으로 돈을 날리는 날이면 만취가 되어 들어와 "야! 이년아! 네가 예수 믿으니까 재수가 없어 돈 다 잃었다. 좋은 말로 할 때 교회 나가지마. 네가 나를 이기려고 고집을 부리는데 누가 이기나 두고 보자"하며 주정을 했다.

그때마다 나는 아이들을 데리고 교회에 가서 기도와 찬송으로 밤을 새웠다.

예수 나를 오라하네 예수 나를 오라하네
어디든지 주를 따라 주와 같이같이 가려네
주의 인도하심 따라 주의 인도하심 따라
어디든지 주를 따라 주와 같이같이 가려네

겟세마네 동산까지 주와 함께 가려 하네

피땀 흘린 동산까지 주와 함께 함께 가려네
주의 인도하심 따라 주의 인도하심 따라
어디든지 주를 따라 주와 같이같이 가려네

심판하실 자리까지 주와 함께 가려 하네
심판하실 자리까지 주와 함께 함께 가려네
주의 인도하심 따라 주의 인도하심 따라

어디든지 주를 따라 주와 같이같이 가려네
주가 크신 은혜 내려 나를 항상 돌보시고
크신 영광 보여 주며 나와 함께 함께 가시네
주의 인도하심 따라 주의 인도하심 따라
어디든지 주를 따라 주와 같이같이 가려네

설상가상으로 핍박자는 남편만이 아니었다.

어떤 이는 방언한다고 수군거리고 어떤 이는 기도 소리가 너무 크다고 비난하고 혹독한 환란과 핍박 속에서도 하나님의 말씀은 나에게 위로가 되어 모든 고난을 견딤과 오래 참음에 이르게 하시고 요동하지 않고 말씀과 교회를 중심으로 신앙생활을 할 수 있게 인도하셨다. 목사님께는 인정받는 신앙생활이었지만 어떤 성도는 장시간 기도하는 사람을 보면 이해할 수 없다며 비난했다.

어느 날 새벽 제단에 엎드려 간절히 기도하는데 최 권사님이 교회 마룻바닥을 치면서 "사탄아 물러가라"하며 방언으로 기도하는 것이 나를 겨냥하는 기도임을 직감할 수 있었다.

나의 목청 높은 기도가 묵상 기도하는 권사님께 방해가 되었던 것이다. 나는 너무나 죄송스럽고 미안한 마음에 다른 사람에게 방해 주지 않으려고 애써 노력해도 성령의 강권역사는 내 힘으로는 절제할 수 없었고 어쩌다 조용히 기도하는 시간이면 졸음을 이길 수 없었다.

기도하는 시간이 나에게는 기쁘고 즐겁고 가장 귀중한 시간이었지만 다른 사람에게 방해가 된다고 생각하니 마음이 무거웠다.

그렇게 몇 개월이 지났다. 그런데 언제부터인가 최 권사님이 새벽기도에 나오지 않았다. 나는 새장에 갇혀 있던 새가 창공을 날아오르듯 기쁨으로 기도의 날개를 펴고 마음껏 기도를 드렸다. 더 많이 기도하기 위해 새벽 1- 2시에 교회에 나가 기도를 드렸다. 기도할 때면 보름달처럼 둥글고 커다란 불같은 성령이 나의 앞에서 둥실둥실 떠돌며 성령의 인도하심을 따라 영으로 기도하게 인도하셨다.

07
자녀의 권세를 높여 주신 하나님

어느 날 세 분의 권사님과 박 집사님이 우리 집에 오셔서 최 권사님 문병을 가는데 같이 가자고 하여 함께 갔다.

심방 예배 후 최 권사님이 그동안의 간증을 말씀하셨다.

새벽마다 큰 소리로 기도하는 내가 그렇게 미웠다고 했다. 성경에 "기도하는 자는 골방에 들어가 문을 닫고 은밀히 기도하라"고 하셨는데 왜 저렇게 큰 소리로 기도를 하는지 사탄의 역사라고 생각하고 "사탄아 물러가라" 호통치며 기도를 했는데 뜻밖에도 하나님의 음성이 들려왔단다.

"그 딸은 내가 택한 사랑하는 나의 딸이니 너는 그를 위하여 기도하라" 하시고, 3개월 동안 하루도 빠짐없이 기도를 시키시고 마지막 날 "이제는 네 딸이다"라고 하나님이 말씀하실 때 미웠던 마음이 사라지고 자기 자식처럼 사랑스러워지더라는 간증을 하셨다. 간증을 들은 모든 자들이 다 함께 하나님께 영광을 돌렸다.

권사님 문병을 다녀 온 며칠 후 새벽기도를 마치고 각자 집으로 가고 혼자 한 시간 넘도록 기도를 했다. 기도를 마치고 나오는데 최 권사님 문병을 같이 갔던 박 집사님이 뒤편 의자에 누워 있다가 일어나면서 "집사님 지금까지 가지 않고 기도했어요? 나는 내가 꿈을 꾸고 있는 줄 알았는데 그게 아니라 진짜로 하나님이 집사님 기도에 응답하고 계셨네요"라고 했다.

　"그게 무슨 말씀이냐?"고 물으니, "너무 피곤하고 졸려서 새벽기도를 마치고 그 자리에 누워 잠을 잤는데 꿈인지 생시인지 알 수 없는데 귓가에 기도소리가 쟁쟁하게 들리면서 환상이 보이는데 집사님이 하얀 가운을 입고 하얀 모자를 쓰고 강단에 서 있고 우리 교인들은 줄을 서서 한 사람씩 나와서 집사님에게 안수기도를 받고 있는 것을 봤어요. 귓가에 기도 소리가 쟁쟁하게 들려 일어나 보니 집사님이 교회와 목사님과 성도들을 위하여 기도하는 것을 보고 깜짝 놀랐어요"라고 했다.

　"하나님께서 집사님의 중보기도를 들으시고 기도 시간에 성령께서 일하시고 계심을 깨달았어요. 참 놀라운 일이에요."

　하나님은 나를 핍박하던 성도들에게 최 권사님과 박 집사님을 통하여 하나님이 나와 함께하신다는 증거를 보여주셨다. 그후부터는 나를 핍박하던 성도들의 입에서 하나님께서 큰 축복을 주시려고 시련과 연단을 주시니 반드시 큰 축복의 사람이 될 거라고 위로해 주었다.

08

예수를 포기하지 않으면 죽이겠다

이제 남편의 핍박은 협박이 되었다.

"예수 믿으면 죽이겠다"고 칼을 목에 들이대며 말했다.

"야! 너 죽을래? 살래?"

믿음을 포기하지 않으면 직장을 그만두겠다고 하면서 "야! 너 바른대로 말해 봐! 예수가 우리를 먹여 살리냐? 아니면 내가 먹여 살리냐? 네가 교회 다녀서 예수가 우리를 먹여 살린다면 이제부터 나는 직장에 나가지 않고 편하게 살겠다"고 핍박을 하면서 2년을 빈둥거리며 경마와 도박으로 세월을 보냈다. 있던 돈을 다 쓰고 나서야 직장에 나간다더니 한 달도 못 채우고 이 회사 저 회사를 옮겨 다니며 방황했다.

연탄불도 피우지 못한 냉방에서 정부미혼합곡으로도 배를 채우지 못해 며칠씩 수제비로 끼니를 이어가는 형편에 아이들마저 왜 그렇게 잔병치레를 하는지 너무나 힘이 들었다.

그런 어려운 환경 속에서도 아이들은 바르게 잘 자라주었고 큰 아이는 나의 등 뒤에서 나를 안으며 "사랑하는 우리 엄마 조금만 참으세요, 제가 커서 엄마 잘 모실게요" 하며 나의 마음을 위로해 주곤 했다.

생계의 다급함 때문에 직장을 구하지 않으면 안 될 형편이라 수출품 전구회사에 입사를 하게 되었다.

입사 첫날 내수시장에서는 보지 못했던 전구들을 보니 너무 신기했다. 이 신기한 전구들을 아이들에게 보여주고 싶었다. 때마침 포장하고 몇 개가 남아서 하나를 얻어 집에 가지고 왔다. 촛불 모양처럼 생긴 작고 귀여운 전구를 보자 아이들도 신기해하면서 "엄마! 한 번 켜보세요" 하고 말했다.

아이들의 말을 듣고 전구를 켜는 순간 나와 아이들은 깜짝 놀랐다. 꼬마전구라 불빛이 매우 흐릴 줄 알았는데 의외로 불빛이 너무 밝았다.

다음날 또 포장하고 남은 것 중에서 하나를 얻어 왔다.

어제와는 달리 오늘 얻어온 전구는 어른 두 손을 둥글게 모은 것보다 훨씬 컸다. 어제 것은 그렇게 작아도 빛이 밝았으니 오늘 가져온 전구는 몇 배나 밝을 거라고 생각하고 불을 켰다.

그런데 이게 어찌된 일인가?

방안이 희미했다. 전구를 빼어 살펴보니 아주 작은 글씨로 Made in Korea 25w 라고 적혀있었다. 어제 가져온 전구는 사이즈는 작아도 60w였음을 알았다. 나는 그 순간 사람들은 외모만 보고 판단하는 우를 범하는 어리석은 존재라는 것을 깨달았다.

그리고 그동안 모태 신앙이라고 하며 대단한 믿음을 가진 것처럼 내세우는 사람들과 몇 십 년을 믿었다고 자랑하며 나서기 좋아하는 성도들이 미혹의 영들에게 이끌려 여기저기 예언 기도를 받으러 다니며 교회에서 말썽을 일으키는 것을 보고 왜 그런지 이해할 수 없었는데 이제야 성도들의 무분별한 행동을 이해할 수 있었다. 하나님을 믿는다고 하면서도 하나님의 말씀을 알지 못해 진리를 따르지 못하고 거짓 영들에게 미혹 받고 있다는 사실을 깨달았다.

내가 전구를 사용하기 전에 전력 표시 문자를 읽었더라면 크기에 비례해서 잘못 판단하는 일은 없었을 것이다. 우리 성도들도 하나님의 말씀 안에서 말씀을 배우고 기도하고 성령 충만함을 받아야 하나님의 말씀이 중심이 되어 균형 있는 인격을 갖춘 성숙한 신앙인으로 세워져 거짓 영들에게 미혹 받지 않고 믿음을 지킬 수 있음을 깨달았다. 교회는 양들을 이리에게 빼앗기지 않기 위해 말씀으로 양육하고 보호해야 한다는 중요성을 알게 되었다.

생계의 다급함 때문에 직장에는 나가게 되었지만 너무나 힘이 들어 밤이면 온몸이 쑤시고 아파서 밤새 앓다가 늦게야 잠이 들곤 했다. 그러나 아무리 곤하게 잠을 자다가도 주님은 새벽 3-4시만 되면 나를 깨워 교회에 나가 기도하게 하시고 기도를 하면 몸의 피로가 풀렸다.

그렇게 하루하루 새 힘을 받아 살아갔다.

그러나 아침 금식을 하면서 직장 생활을 하는 것이 너무나 힘이 들었다.

금식 기도를 작정했던 마음의 결심이 무너지고 아침식사를 하기 시작했다.

갑자기 온몸에 힘이 빠지면서 다리가 후들거리며 허리에 힘이 없어 몸을 지탱하기 어렵고 음식을 아무리 먹고 또 먹어도 배가 고팠다.

하나님 앞에 또다시 범죄 했음을 깨닫고 2개월 만에 직장을 그만두고 교회에 나가 회개하며 철야 기도를 했다.

"긍휼을 베푸시는 여호와하나님이시여, 미련하고 우둔하여 주님의 뜻을 분별하지 못하고 또다시 아버지 앞에 죄를 범했나이다. 나의 부족하고 연약함을 불쌍히 여기사 주님의 보혈로 모든 죄와 허물을 용서해 주소서!"

간절하게 기도를 드렸다.

기도 중에 환상이 보였다. 강단에서부터 성전 마룻바닥 한가운데로 무쇠 철판이 깔려 있는데 한 남자가 크고 무거운 망치로 철판을 내리치고 있었다.

"이게 무엇인가?"라고 물었더니 "강하고 큰 그릇을 만들려고 다듬고 있는 중"이라고 대답했다. 순간 환상이 사라지고 하나님의 말씀이 떠올랐다.

"사랑하는 자들아 너희를 연단하려고 오는 불 시험을 이상한 일 당하는 것 같이 이상히 여기지 말고 오히려 너희가 그리스도의 고난에 참여하는 것으로 즐거워하라 이는 그의 영광을 나타내실 때에 너희로 즐거워하고 기뻐하게 하려 함이라" – 벧전 4:12-13

"그러므로 하나님의 뜻대로 고난을 받는 자들은 또한 선을 행하는 가운데에 그 영혼을 미쁘신 창조주께 의탁할 지어다" – 벧전 4:19

부족한 나를 도구로 사용하시기 위하여 연단하시는 하나님의 섭리를 나 같은 죄인이 어찌 감히 헤아릴 수 있으리요. 감사와 찬양으로 영광을 올려드립니다.

> 나의 일생 다 하도록 기도하리라
> 주께 맡긴 나의 생애 영원하리라
> 기도는 우리의 안식 빛으로 인도하리
> 앞이 캄캄할 때 기도 잊지 마세요

09

하나님이 짝 지어주신 것을
사람이 나누지 못한다

산 넘어 태산이라더니 남편은 이제 예수 믿으려면 이혼을 하자고 폭언을 하며 집안 살림을 때려부셨다.

나도 이제는 더 이상 참고 이겨낼 자신이 없었다.

이혼을 하기로 합의하고 정읍으로 내려가 법원에 가서 합의 이혼을 하고 읍사무소에 이혼서류를 제출했더니 "친정에 가서 재적 등본을 떼어오라"고 했다.

그래서 장흥 읍사무소에 가서 "합의 이혼을 했는데 재적 등본을 가져오라고 해서 왔다"고 말했더니 읍사무소 직원이 재적 등본을 열람할 수 없다고 했다. "이유가 뭐냐?"고 물으니 내가 호적에 남자로 되어 있다고 했다.

우리는 혼인신고를 했고 두 아이의 출생신고까지 했는데 어떻게 이런 일이 있을 수 있을까?

"나는 이건 엄연히 행정차고니 수정 해달라"고 해도 자기들 임의로 할 수 없고 법원에 행정소송을 해야 하는데 기간이 3개월 이상 걸린다고 했다.

"호적정리를 하고 이혼 서류 마무리할 때까지 친정에서 지낼 테니 먼저 올라가라"고 하자 남편은 "내가 잘못 했어. 다시는 그러지 않을게. 같이 집으로 가자. 내가 당신이 미워서 그랬겠어? 예수 믿는 것이 싫어서 그러는데 당신이 고집을 부려 화가 나서 그랬는데 생각해 보니 내가 잘못했어. 앞으로는 모든 것 다 절제하고 새로운 삶을 살기로 결심했으니 아이들 생각해서 용서하고 우리 새로운 마음으로 다시 시작하자"고 애원을 했다.

내 마음은 용서할 수 없었지만 모든 상황을 하나님이 주도하고 계신다는 생각이 들면서 말씀이 떠올랐다

"창조 때부터 사람을 남자와 여자로 지으셨으니 이러므로 사람이 그 부모를 떠나서 그 둘이 한 몸이 될 지니라 이러한즉 이제 둘이 아니요 한 몸이니 그러므로 하나님이 짝지어 주신 것을 사람이 나누지 못 할 지니라 하시니라"- 막 10:6-9

엄마! 목사님이 될래요

큰아이가 초등학교 1학년 겨울 때 갑자기 고열이 나면서 심하게 앓아누웠다. 해열제 한 알 사 먹일 돈이 없어 속수무책으로 기도만 하고 있었다.

밤이 깊어지자 사경을 헤매는 위급한 사태가 벌어지고 말았다. 너무나 다급하여 아이를 업고 병원으로 달려갔지만 돈 한 푼 없이 밤중에 비상벨을 누를 수가 없어 발을 동동 구르며 서성거리다 교회로 갔다.

밤새도록 아이를 부둥켜안고 울부짖으며 기도했다. 새벽기도 시간이 되어 목사님께 기도를 받고 아침이 되자 위기는 넘겼다. 낮이면 좀 나았다가 밤만 되면 또다시 상태가 나빠졌다. 밤마다 아이들을 데리고 성전에 나가 철야 기도를 드렸다.

열흘이 지나자 아이는 회복되었다. 큰아이가 회복되자 이제 막내가 열이 나면서 배가 아프다며 뒹굴기 시작했다. 금방 숨이 끊어질 것만 같았다. 아이를 둘러업고 병원에 갔다. 의사는 "창자가 꼬여서 수술을 받지 않으면 생명이 위험하다"고 했다. 단돈 만 원도 구하기 어려운 형편인데 어디 가서 수술비를 마련한단 말인가?

너무나 막막해 아이를 입원시켜 아빠와 같이 있게 하고 나는 교회에 나가 밤새도록 기도를 드렸다. 이튿날 다시 진찰을 하더니 수술을 하지 않아도 된다고 했다. 애끓는 나의 기도를 들으시고 치유하신 주님의 은혜가 너무 감사해서 눈물을 흘리며 감사의 기도를 드렸다.

이제 수술비 걱정은 덜었지만 퇴원할 돈이 없었다. 아무리 생각해도 돈을 빌릴만한 사람이 없었다. 생각다 못해 병원 근처에서 식당을 하는 최 집사님을 찾아가 사정 이야기를 했다.

"집사님 아이를 퇴원시켜야 하는데 돈이 없어요. 오만 오천 원만 빌려주세요. 곧 갚을게요"라고 간곡히 부탁을 드렸지만 돈이 없다며 거절했다. 그리고는 "문 집사님이 돈이 있을 터이니 연락해보라"며 전화번호를 적어주었다.

염치 불고하고 전화를 걸어 사정 이야기를 했더니 문 집사님은 즉시 병원으로 달려와서 병원비를 지불해 주셨다. 너무나 고맙고 감사해서 "집사님 감사합니다. 곧 갚겠습니다. 그리고 집사님 은혜 잊지 않겠습니다"라고 말하며 몸 둘 바를 몰라하는 나에게 문 집사님은 이렇게 말씀하셨다.

"나는 예수 믿는 사람으로서 그리스도의 형제에게 할 일을 했을 뿐이에요. 그러니 돈 갚을 생각 말고 열심히 신앙생활 잘 해서 믿음의 승리자가 되세요"라고 격려해주셨다.

호되게 앓고 난 후 큰아이가 생각지 않은 질문을 했다.
"엄마, 제가 대통령이 안 되고 목사님이 된다면 섭섭하시겠어요?"

갑작스러운 질문에 어리둥절했다. 그러나 하나님의 은혜를 체험하고 아이의 생각이 바뀌게 되었음을 알고 대답했다.
"대통령은 사람이 세우지만 목사님은 하나님이 세우시니 목사님이 더 훌륭하시지."

그 말을 들은 아이는 너무 기뻐하면서 "엄마, 저 목사님이 될래요"라고 말했다. "대통령 되어서 엄마 호강시켜 준다면서 대통령 되게 해달라고 기도하더니 왜 갑자기 생각이 바뀌었냐?" 고 물었더니 대견하게도 "엄마, 저는 목사님이 되어 기도해서 아픈 사람 고쳐주고, 가난한 사람에게 축복 기도해서 잘 살게 해주고 엄마도 잘 모시고 싶어요"라고 대답했다.

그날부터 나와 아이들은 큰아이가 목사가 되게 해달라는 기도를 드렸다. 나는 큰아이가 우리나라에서 뭇 성도들의 존경을 받는 OOO 목사님과 같은 능력의 목자가 되기를 기도했고 작은 아이는 조만식 장로님과 같은 장로가 되기를 기도했다.

그런데 큰아이를 위해 기도할 때면 내 입에서는 "모세와 같은 큰 일꾼이 되게 하소서"라는 기도가 나왔고 작은아이를 위해 기도할 때면 "요셉과 같이 귀한 장로가 되게 하소서"라는 기도가 나왔다. 나는 성령께서 내 안에 계셔서 하나님의 뜻대로 기도하게 하심을 깨달았다. 가정예배를 드릴 때면 큰아이와 막내에게 차례로 기도를 시켰다.

큰아이는 기도할 때마다 나라와 민족의 구원과 일가친척들을 위해, 세계 복음화를 위해 입을 크게 열어 기도했다. 큰아이는 매일 아침 5시 30분에 일어나 무릎을 꿇고 기도드리고 그림 성경 다섯 장을 읽은 후 조깅을 갔다 오는 것으로 하루를 시작했다.

자라서 청년이 되면 성가대 지휘자가 되고 싶다며 합주부에 가입해 리코더를 배우고 또 피아노를 배웠다. 주일학교에서 성경암송대회나 성경퀴즈대회를 할 때면 언제나 1등을 했다. 그리고 중학교 졸업할 때까지 그림 성서로 된 신구약 성경을 6번 통독했다. 남편의 혹독한 핍박 속에서도 아이들은 나에게 어려움을 극복하는데 힘과 용기를 주는 신앙생활의 동역자가 되어 주었다.

11
마음의 생각까지 아시는 하나님

　두 아들 때문에 철야기도를 하느라 잠을 자지 못하다가 잠에 취해 깊은 잠에 빠졌던 적이 있다. 그런데 갑자기 허리가 아파서 눈을 뜨니 새벽 3시였다. 더 자고 싶은 생각이 들었다. 오늘 하루 새벽기도를 쉬기로 마음먹고 다시 누웠다. 그리고 속장님이 "왜 새벽기도 나오지 않았냐?"고 물으면 "옆집 아기가 밤새 울어 잠을 못 자서 나오지 못했다"라고 변명해야겠다고 생각했다.

　그 순간 가슴이 뭉클하면서 에베소서 6장 6절 성경 구절이 마음속에서 솟아올랐다. 일어나서 성경 구절을 찾아 읽었다.

"눈가림만 하여 사람을 기쁘게 하는 자처럼 하지 말고 그리스도의 종
들처럼 마음으로 하나님의 뜻을 행하고 기쁜 마음으로 섬기기를 주
께 하듯 하고 사람들에게 하듯 하지 말라" - 에 6:6-7

지금까지 많은 은혜를 체험하고 하나님은 살아계신 분이라고 믿어 왔지만 내 마음속 깊은 곳까지 통달하고 계실 거라고는 생각하지 못했다. 너무나 무섭고 두려워서 하나님께 용서를 빌며 교회로 달려갔다. 그 후 나는 말 한마디도 주님이 듣고 계신다는 두려움에 조심하게 되었다.

어려운 환경 속에서도 아이들은 바르게 잘 자라주었다. 인간이 보기에는 절망뿐인 밑바닥 생활이었지만 나는 날마다 성경을 보며 공부하고 기도하며 소망의 끈을 놓지 않고 늘 기쁨으로 찬송을 불렀다.

내 영혼이 은총 입어 중한 죄 짐 벗고 보니
슬픔 많은 이 세상도 천국으로 화하도다
할렐루야 찬양하세 내 모든 죄 사함 받고
주 예수와 동행하니 그 어디나 하늘나라

주의 얼굴 뵙기 전에 멀리 뵈던 하늘나라
내 맘속에 이뤄지니 날로 날로 가깝도다
할렐루야 찬양하세 내 모든 죄 사함 받고
주 예수와 동행하니 그 어디나 하늘나라

높은 산이 거친 들이 초막이나 궁궐이나
내 주 예수 모신 곳이 그 어디나 하늘나라

할렐루야 찬양하세 내 모든 죄 사함 받고
주 예수와 동행하니 그 어디나 하늘나라

　주님이 살아 계시기에 승리의 날은 반드시 오리라는 확신을
갖고 육체가 찢기는 고통과 배고픔과 추위 속에서도 시간을 아
껴 공부하기를 게을리하지 않았다. 집안일을 할 때도 성경 구
절을 암송하고 영어 단어를 외우고 방이나 부엌이나 화장실이
나 주머니 속에는 항상 암기할 메모지가 있었다.

　아이들이 회복되자 이제 나의 건강이 악화되었다. 쓰디쓴 녹
색 분비물이 역류해서 음식은 먹을 수 없었고 잦은 감기와 천
식으로 인한 기침 그리고 기침을 할 때마다 가슴이 찢어지게
아프면서 토혈을 하는 선천성 심장판막증이라는 고질병 때문
에 견딜 수가 없었다.

12

죽으면 죽으리라

생사의 결투 없이는 해결할 수 없는 모든 문제를 주님께 맡기고 죽으면 죽으리라는 결심을 하고 20일 금식기도를 작정했다. 두 아이를 시댁에 보내고 집을 나서는데 눈물이 앞을 가렸다.

내가 살아 돌아와서 사랑하는 아이들을 다시 볼 수 있을까?

떨어지지 않는 발걸음을 옮겨 버스에 올랐지만 기도원에 도착할 때까지 아이들 생각에 마음이 아팠다. 오산리 기도원에 도착하자 온몸이 쑤시고 아프고 숨이 차서 가슴이 터질 것 같아 밖으로 뛰쳐나가고 싶은 충동이 일어났다.

1983년 1월 13일, 20일 작정 기도의 첫날이 시작되었다. 하룻밤 지나고 나니 온몸이 뒤틀리고 가슴이 불에 타는 것 같은 고통에 견딜 수 없이 힘들고 어려웠다. 위에서는 쓰디쓴 녹색 분비물이 넘어와서 물 한 모금도 마실 수 없었다. 이틀이 지나고 사흘째 되는 날 이제는 정말 죽는다는 생각이 들었다. 죽을 때 죽더라도 예배나 드리고 죽자는 마음에 낮 집회에 참석했다.

설교를 마치고 목사님께서 각자 아픈 부위에 손을 얹으라고 하시더니 기도를 하셨다. 기도를 마치고 목사님께서 "이 시간 선천성 심장판막증으로 태어나면서부터 지금까지 기침할 때면 가슴이 찢어지게 아프면서 피를 쏟으며 고통받던 자가 하나님의 능력으로 고침을 받았습니다. 고침받은 사람은 자리에서 일어나 보세요"라고 했다. 목사님 말씀을 듣는 순간 내 가슴이 뭉클하면서 고침받았다는 성령의 감동을 받아 나도 모르게 자리에서 벌떡 일어나며 손을 흔들었다.

나는 그렇게 주님의 사랑과 능력으로 34년 만에 불치의 고질병에서 고침을 받았다. 고침받은 벅찬 감격이 내 영혼 깊은 곳에서 샘 솟는 기쁨과 성령 충만함으로 새 소망을 주셨다.

그러나 수십 년을 합병증으로 시달려 온 허약체질이라 날이 갈수록 견디기 힘들었다. 물 한 모금 마시지 못하고 열흘이 지나니 입술은 다 터져 피투성이가 되고 눈만 뜬 산송장이 되고 말았다. 꼭 죽을 것만 같았다. 죽기 전에 아이들을 한 번만이라도 보고 싶었다. 눈을 감고 간절한 마음으로 기도를 드렸다.

"주님, 저는 아이들을 두고 죽을 수 없어요. 살려주세요."

그 순간 사무엘상 6장 말씀이 떠올랐다.

블레셋 사람들이 하나님의 재앙을 면하기 위해 젖 나는 소 둘을 끌어다가 수레를 메우고 송아지들은 집에 가두고 하나님의 궤와 그들이 만든 금 쥐와 독종의 형상을 담은 상자를 수레 위에 실으니 암소가 벧세메스 길로 바로 행하여 대로로 가며 갈 때에 울고 좌우로 치우치지 아니하였고, 이스라엘 사람들은 소를 잡아 각을 뜨고 수레는 패서 불살라 번제를 드렸다는 말씀이었다.

내 자신이 벧세메스로 가는 암소요 내 아이들은 집에 가두어 놓은 송아지와 같은 처지에 있다는 현실에 마음이 아팠지만 주님이 정하신 길이기에 피할 수 없음을 깨닫고 더욱 열심히 기도드렸다.

"주여! 감사합니다. 벧세메스로 가는 암소가 희생의 번제물이 되었던 것 같이 내가 주님 앞에 희생의 번제물이 될지라도 기쁨으로 감당하게 하소서."

내일 일은 난 몰라요 하루하루 살아요
불행이나 요행함도 내 뜻대로 못 해요
험한 이 길 가도 가도 끝은 없고 곤해요
주님 예수 날 붙드사 내 손 잡아 주소서
내일 일은 난 몰라요 장래 일도 몰라요
아버지여 날 붙드사 평탄한 길 주옵소서

좁은 이 길 진리의 길 주님 가신 그 옛길

힘이 들고 어려워도 찬송하며 갑니다

성령이여 그 음성을 항상 들려주소서

내 마음은 정했어요 변치 말게 하소서

내일 일은 난 몰라요 장래 일도 몰라요

아버지여 아버지여 주신 소명 이루소서

만왕의 왕 예수께서 이 세상에 오셔서

만백성을 구속하니 참 구주가 되시네

순교자의 본을 받아 나의 믿음 지키고

순교자의 신앙 따라 이 복음을 전하세

불과 같은 성령이여 내 맘에 항상 계셔

천국 가는 그날까지 주여 지켜주옵소서

건강한 사람도 장기 금식하기 어려운데 수십 년을 합병증에 찢기고 상한 만신창이 된 몸으로 금식한다는 것은 죽기보다 힘이 들었다.

금식기도를 끝내기 며칠 전 1년 전에 읽었던 기독교 백년사의 내용들이 머릿속에 떠올랐다. 토머스 선교사가 대동강에서 순교 당한 것, 알렌 선교사가 고종의 전의가 되었던 것 등이 기억나면서 예전의 기억력이 되살아났다. 너무 기뻐서 감사의 기도를 드렸다.

"아버지 주님의 이름으로 승리하게 하시니 감사합니다. 내 일생 주님을 위해 살게 도와주소서."

주님께서는 나의 기도 중에 "네 모든 기도 다 들었으니 너의 소원을 다 이루어 주리라"라는 확신을 주셨다.

"내가 기뻐하는 금식은 흉악의 결박을 풀어주며 멍에의 줄을 끌러 주며 압제당하는 자를 자유하게 하며 모든 멍에를 꺾는 것이 아니겠느냐" - 사 58:6

주님의 도우심으로 20일의 금식기도를 마치고 승리의 기쁨과 사랑하는 아이들을 만날 수 있다는 기쁨에 한없는 눈물을 흘렸다.

13

승리의 기쁨이 가시 채가 되고

승리의 기쁨을 안고 집에 돌아오니 나를 맞이하는 것은 남편의 혹독한 핍박이었다. 만취가 되어 집에 들어온 남편의 눈에서는 금방 살인이라도 할 것같이 살기가 돌았고 입에서는 괴성 같은 폭언이 터져 나왔다.

"나는 1,500년을 살려고 했는데 너 때문에 몇 년 못 가서 죽을 것 같다"고 소리를 지르며 구타하기 시작했다. 그것은 진정 사람의 행동이 아니었다. 온전한 사람이라면 20일 동안 금식해 뼈와 가죽만 남은 사람에게 그런 행동을 할 수는 없는 일이다.

그는 성품이 온유한 사람으로 처자를 사랑하고 형편이 어려운 사람을 보면 인색함 없이 베푸는 마음이 따뜻한 사람이었다. 그런데 술만 취하면 이성을 잃고 자신을 절제하지 못해 가족과 주변 사람들을 힘들게 했다.

자리에서 일어나지도 못한 채 신음하다 잠이 들었다. 몇 시간이나 잠을 잤을까? 가슴 깊은 곳에서 찬송이 흘러나왔다.

내 진정 사모하는 친구가 되시는 구주 예수님은
아름다워라 산 밑에 백합화요 빛나는 새벽 별 주님
형언할 길 아주 없도다 내 맘이 아플 적에 큰
위로되시며 나 외로울 때 좋은 친구라 주는 저 산 밑에 백합
빛나는 새벽별 이 땅 위에 비길 것이 없도다

내 몸의 모든 염려 이 세상 고락도 주님 항상 같이
하여 주시고 시험을 당할 때에 악마의 계교를 즉시
물리치사 나를 지키네 온 세상 날 버려도 주 예수
안 버려 끝까지 나를 돌아보시니 주는 저 산 밑에 백합
빛나는 새벽별 이 땅 위에 비길 것이 없도다

내 맘을 다하여서 주님을 따르면 길이길이 나를
사랑하리니 물 불이 두렵잖고 창검도 겁없네
주는 높은 산성 내 방패시라 내 영혼 먹이시는 그 은혜
누리고 나 친히 주를 뵙기 원하네 주는 저 산 밑에
백합 빛나는 새벽별 이 땅 위에 비길 것이 없도다

눈을 뜨니 새벽 2시 30분, 아무리 일어나려고 해도 몸을 가누기 힘들었다. 그렇다고 이대로 무너질 수는 없었다. 이 세상에서 내가 믿고 의지할 것은 주님밖에 없으니 죽더라도 주님 안

에서 죽으리라 다짐하고 찬송을 부르며 교회로 향했다.

눈물 없이 못 가는 길 피 없이 못 가는 길
영문 밖에 좁은 길이 골고다에 길이라네
영생 복락 얻으려면 이 길만은 걸어야 해
배고파도 올라가고 죽더라도 올라가세

아픈 다리 싸매주고 저는 다리 고쳐주사
보지 못한 눈을 열어 영생 길을 보여주니
칠전팔기 할지라도 제 십자가 바로지고
골고다에 높은 고개 나도 가게 하옵소서!

어떠한 환난과 핍박 속에서도 주님이 나와 함께 하셨기에 더 많은 기도를 할 수 있었고 하루도 빠지지 않고 새벽 제단을 쌓을 수 있었다. 금식기도 후 예전보다 더 많은 성경을 암송할 수 있었다. 그 무렵 우리 교회에서는 성경퀴즈와 암송대회를 자주 했는데 그때마다 나는 1등을 했다.

14
거룩한 것을 개에게 주지 말라

어느 날 새벽 2시 오늘도 내가 제일 먼저 주님을 만나야겠다는 마음으로 서둘러 교회로 나갔다. 문을 열고 들어가 불을 켜는 순간 깜짝 놀랐다. 시커먼 사람이 의자에 엎드려 있었다. 옆으로 다가가 보니 같은 속회의 성도였다.

주일 낮 예배만 참석하는 성도가 창백한 얼굴을 찡그리며 괴로워하고 있었다.

사연을 들어보니 대장염 때문에 오랫동안 병원에 다니며 약을 먹는데도 잘 낫지 않아 고생하고 있다고 했다. 그런데 요즈음 더 심해져서 괴로움을 겪고 있는데 어젯밤은 통증이 너무 심해 견디다 못해 교회로 나왔으나 스위치 있는 곳을 몰라 불도 켜지 못한 채 어둠 속에서 혼자 밤을 새웠다고 했다.

동병상련이라고 질병으로 많은 고통을 받고 있는 나는 그녀의 고통을 이해할 수 있었다. 솔직히 말해서 나는 한 마을에 살면서도 그녀에 대하여 좋지 않은 선입견을 갖고 있었다. 그녀는 지방 유지로서 지나친 사치와 교만 때문에 나로 하여금 거리감을 느끼게 했던 것이다. 그런데 오늘 새벽 지금까지 그녀에게서 보지 못했던 초라한 모습을 본 순간 내 마음속에 잠재하고 있던 감정이 사라지고 측은한 마음이 생겼다. 간절한 마음으로 그녀를 위하여 기도를 드렸다.

새벽기도를 마친 후 그녀의 집을 방문했다.
그리고 내가 예수 믿고 12년 동안 고통받던 방광염을 고침받은 것과 금식기도 중 34년 동안 고통받았던 선천성 심장판막증을 치유 받은 간증을 들려주면서 "나도 성도님을 위하여 아침 금식을 할게요. 성도님도 함께 금식하면서 7일간 작정 예배를 드려요"라고 권했다. 그녀의 동의를 얻어 그날부터 홍 권사님과 몇 분 집사님을 모시고 예배를 드렸다.

예배를 시작한 지 3일째 되던 날 심방 대원들이 그녀의 집에 모였다. 그런데 그녀가 집에 없었다. 가족들 말에 의하면 교회에 갔다고 했다. 우리 일행은 잠깐 기도하러 갔을 거라고 생각해 그녀가 돌아오기를 기다렸다. 그녀는 한참 후에야 돌아왔다.
예배를 시작했다. 찬송을 부르고 홍 권사님이 기도하시고 계시록 3장 15-19절 말씀을 봉독했다.

"내가 네 행위를 아노니 네가 차지도 아니하고 뜨겁지도 아니하도다 네가 차든지 뜨겁든지 하기를 원하노라 네가 이같이 미지근하여 뜨겁지도 아니하고 차지도 아니하니 내 입에서 너를 토하여 버리리라 네가 말하기를 나는 부자라 부요하여 부족한 것이 없다 하나 네 곤고한 것과 가련한 것과 가난한 것과 눈먼 것과 벌거벗은 것을 알지 못하는도다 내가 너를 권하노니 내게서 불로 연단한 금을 사서 부요하게 하고 흰옷을 사서 입어 벌거벗은 수치를 보이지 않게 하고 안약을 사서 눈에 발라 보게 하라 무릇 내가 사랑하는 자를 책망하여 징계하노니 그러므로 네가 열심을 내라 회개하라"

말씀을 봉독하고 말씀을 전하는데 갑자기 그녀가 "가증스러워. 그렇게 능력 받았으면 왜 자기 남편은 인도 못 해"하며 비웃었다. 그녀를 도우려는 우리의 행동이 사업가의 아내이자 지방 유지로서 자부심을 갖고 살아온 그녀의 자존심을 상하게 한 것이었다.

하나님의 사랑과 능력과 존재하심을 깨우치기 위해 권고하신 하나님의 말씀이지만 믿음이 없는 그녀에게는 나와 함께하시는 하나님의 능력은 인정할 수 없고 초라한 내 모습만 보였기에 인간의 소리로밖에 들리지 않았던 것이다.

참으로 안타까운 일이었다. 그런데 그보다 더 나의 마음을 아프게 한 것이 있었다. 나는 그녀를 위해 금식을 했건만 그녀는 금식을 하지 않았다는 것이다.

'목사님이라면 몰라도 당신 같은 사람과 어찌 하나님이 함께 하시겠느냐?'라는 마음이 생겨서 금식하는 헛수고를 하지 않았다고 했다. 그리고 예배드리기 싫어서 예배 시간을 피해 교회로 피신했다고 말했다. 너무나 한심하고 안타까운 마음이 일었다.

"하나님께서 세상의 미련한 것들을 택하사 지혜 있는 자들을 부끄럽게 하려 하시고 세상의 약한 것들을 택하사 강한 것들을 부끄럽게 하려 하시며 하나님께서 세상의 천한 것들과 멸시받는 것들과 없는 것들을 택하사 있는 것들을 폐하려 하시나니 이는 아무 육체도 하나님 앞에서 자랑하지 못하게 하심이라"- 고전 1:27-29

'하나님께서 우리에게 주신 이 깊고 오묘한 진리의 말씀을 알았더라면 저렇게 성령을 거역하는 죄는 범하지 않았으련만…' 하는 생각에 마음이 아팠다.

그런 수치와 모욕을 당하고도 미운 마음이나 분한 마음이 일어나지 않고 오히려 고귀한 진리를 모르고 썩어 없어질 세상의 헛된 욕심에 묶여 있는 그녀가 불쌍했다.

"원수까지도 사랑하라" 하신 주님의 고귀한 사랑을 체험하지 못했다면 내 형제도 아닌 남을 위해 금식까지 하면서 기도할 수 있었을까? 내 안에 잠재해 있는 주님의 고귀한 사랑을 다시 한 번 확인할 수 있었다.

'오! 주여 주님의 고귀한 사랑 깨닫게 하시니 감사합니다.'

묵상기도를 마치는 순간 하나님의 말씀이 떠올랐다.

"거룩한 것을 개에게 주지 말며 너희 진주를 돼지 앞에 던지지 말라 저희가 그것을 발로 밟고 돌이켜 너희를 찢어 상할까 염려하라" - 마 7:6

하나님의 말씀은 생명력이 있어 믿는 자들에게는 모든 병을 고치며 죽은 자를 살리며 애통하는 자에게 평강과 기쁨과 소망을 주는 능력의 말씀이 된다. 그러나 하나님의 말씀을 알지 못하고 믿지도 못하는 사람들에게는 개나 돼지 앞의 진주와 같다는 진리를 깨달았다.

15

선택받은 영광의 도구

1983년 어느 날, TV를 시청하던 중 큰 감동을 받았다.

인간의 생각으로서는 상상할 수 없는 하나님의 크고 위대하신 섭리를 깨달았기 때문이다.

4년 동안 남북 이산가족 상봉과 생사를 알 수 없는 해외 동포들의 만남을 위해 기도해왔는데 기도의 응답이 현실 속에서 이루어져 몇십 년을 생사조차 알 수 없어 애태우며, 그리움 속에서 눈물 흘리던 가족이 만나 얼싸안고 기쁨의 눈물을 흘리는 장면이 나오고 있었다.

하나님이 이 일을 이루시기 위하여 부르심을 받은 성도들을 택하시고 성령의 감동으로 기도하게 하시고 하나님의 때가 되어 일하심을 깨닫게 하셨다. 나 같이 부족하고 연약한 자를 기도의 도구로 사용하시기 위하여 내 마음속에 성령의 감동을 주시고 이산가족 상봉을 위해 기도할 때마다 어린 시절 이모가 북간도에 두고 온 아들을 그리며 눈물 흘리던 모습이 떠올라 더욱더 간절한 마음으로 기도하게 하셨다. 이 일을 위하여 기도하는 사람이 나 혼자가 아니고 많은 기도의 동역자를 주시고 하나님께서 계획하신 뜻을 이루시기 위하여 협력하여 기도하게 하심을 깨달았다.

이 나라에 많은 어려움이 있을 것을 아시는 하나님께서 나라와 민족을 위하여 헌신적으로 기도하게 하시고 사할린 동포를 비롯하여 전 세계 각국에 흩어져 생사를 알 수 없던 해외 동포들의 생사 확인과 상면을 위해 기도하게 하시고 이루어 주셨다.

하나님이 함께하시는 기도의 능력은 크고 높고 위대하다는 것을 다시 한 번 체험했고, 하나님이 나 같이 부족한 자를 귀하게 사용해 주신 은혜에 감사하여 존귀와 영광과 찬양을 올려드렸다.

> 아침 해가 돋을 때 만물 신선하여라
> 나도 세상 지낼 때 햇빛 되게 하소서
> 주여 나를 도우사 세월 허송 않고서
> 어둔 세상 지낼 때 햇빛 되게 하소서
>
> 새로 오는 광음을 보람 있게 보내고
> 주의 일을 행할 때 햇빛 되게 하소서

주여 나를 도우사 세월 허송 않고서
어둔 세상 지낼 때 햇빛 되게 하소서

한 번 가면 안 오는 빠른 광음 지날 때
귀한 시간 바쳐서 햇빛 되게 하소서
주여 나를 도우사 세월 허송 않고서
어둔 세상 지낼 때 햇빛 되게 하소서
밤낮 주를 위하여 몸과 맘을 드리고
주의 사랑 나타내 햇빛 되게 하소서
주여 나를 도우사 세월 허송 않고서
어둔 세상 지낼 때 햇빛 되게 하소서

16
시간과 공간을 초월하신 하나님

　월요일 저녁부터 부흥회가 시작되었다. 첫 시간부터 갈급한 심령으로 열심히 참석했고 시간마다 생수 같은 은혜로 내 영혼은 만족함을 얻었다.

　부흥회 마지막 날 새벽 강사 목사님께서 안수기도를 하겠으니 준비 기도를 하라고 하셨다. 안수기도를 받기 위해 열정을 쏟는 통성 기도를 했다. 기도하던 중 안수도 받기 전 갑자기 머리에서 발끝까지 시원해지면서 16년 동안 전신을 무겁게 짓누르던 멍에의 결박이 풀렸다. 나의 몸은 마치 날아갈 듯이 가벼웠고 마음은 말로 형용할 수 없이 상쾌했다.

　3개월 후 친정아버지가 인천에서 우리 집까지 60km가 넘는 장거리를 자전거를 타고 오셨다. 23년 동안 투병 생활로 고통의 멍에를 메고 살아오신 아버지는 외손자가 자전거를 갖고 싶어 한다는 말을 들으시고 손자에게 주려고 직접 자전거를 타고 오신 것이다.

아버지는 43세에 병이 나신 후 항상 전신이 무겁고 뼈가 시리고 아파서 조금만 활동을 해도 피로를 이기지 못하고 몸 져자리에 누우셨다. 그런 아버지가 칠십 고개를 바라보는 고령에 자전거로 장거리를 달려오셨으니 우리 가족뿐만 아니라 이웃 사람들까지 놀랐다. 나는 너무 놀랍고 반가워서 "언제부터 이렇게 건강이 좋아지셨냐?"고 여쭈었다.

"아마 서너 달 된 것 같구나. 그런데 참 이상한 일이야. 어떻게 23년이나 온몸을 무겁게 짓누르던 병이 어느 날 새벽에 갑자기 나았는지 아무리 생각해도 모를 일이다"라고 하셨다.

아버지는 43세에 한밤중에 주무시다가 병이 나셨다. 얼굴이 새까맣게 타고 온몸이 무겁고 뼈가 시리고 아파서 여름에도 더운 방에서 솜이불을 덮고 지내셨다. 병원에도 가보고 한약도 써보고 좋다는 약은 다 써 봤지만 별다른 효과를 보지 못했다.

7년 후 나 또한 잠을 자다 밤중에 병을 얻었는데 증상이 아버지와 같았다. 오랜 세월 여러 가지 약을 써서 그랬는지 다른 증상은 조금 나아졌으나 전신을 무겁게 짓누르며 뼈가 시리고 아픈 증세는 여전하여 아버지는 23년을, 나는 16년을 무거운 멍에를 메고 살아왔는데 부흥성회를 통하여 하나님의 능력으로 고침을 받았다. 부인할 수 없는 확실한 증거를 받았는데도 인간의 생각과 상식으로는 도저히 이해할 수 없었다.

도대체 어떻게 이런 일이 일어날 수 있을까? 우리 부녀가 같은 장소에 함께 있지도 않았는데…. 밀려오는 여러 가지 생각에 잠겨 하나님의 신비의 능력을 알고자 묵상기도를 했다. 그 순간 하나님의 말씀이 떠올랐다.

예수께서 가버나움에 들어가셨을 때 어떤 백부장이 사랑하는 종이 병들어 죽어가는 것을 보고 유대인 장로 몇을 예수께 보내어 종을 고쳐주시기를 간청했다. 예수께서 들으시고 가서 고쳐주리라 말씀하시고 백부장의 집으로 가시려고 발걸음을 옮기셨다. 그때에 백부장이 예수께 사람을 보내어 말씀드렸다.

> "주여! 수고하시지 마옵소서 내 집에 들어오심을 감당치 못하겠나이다 그러므로 내가 주께 나아가기도 감당치 못할 줄을 알았나이다 말씀만 하사 내 하인을 낫게 하소서"- 눅 7:6-7

주님께서 들으시고 백부장의 믿음을 귀하게 여겨 그의 믿음을 칭찬하실 때 이미 그 종이 건강하여졌다는 말씀이다. 백부장이 주님을 찾아가지 않았고 주님께서도 백부장의 집에 들어가시지 않았지만 주님은 백부장의 종을 고쳐주셨다. 나는 이 말씀을 통하여 말씀으로 우주와 만물을 창조하신 주님께서 시간과 공간을 초월하셔서 일하시는 주님의 초능력을 확실하게 체험하게 되었다.

기적은 여기서 끝이 아니었다. 막내가 허약체질로 태어나 태어나면서부터 잔병이 떠나지 않았고 자주 피로를 느껴 자리에 눕고, 짜증을 내고, 차를 타면 멀미가 심해서 힘이 들었다.

초등학교 1학년짜리가 학교에서 돌아오면 집에 들어오자마자 드러누워서 "엄마, 다리가 아파. 팔이 아파"라고 하면 맥이 풀렸다. 아이를 보면 못난 엄마 체질을 닮아서 어린 것이 고생한다는 안쓰러운 마음에 늘 기도했다.

어느 날 막내가 "엄마, 우리 선생님이 엄마 학교에 오시래요"라고 했다. 아이의 말을 듣고 담임선생님을 찾아갔다. 선생님을 만나 막내에 대한 이야기를 들었다. 아이가 공부시간에 몸을 가누지 못하고 자꾸 책상에 엎드려 있다고 말씀하시면서 건강검진을 받아 보라고 하셨다. 병원에 가서 검진을 받아도 별다른 병명이 나오지 않고 한약을 먹여도 별 효과가 없었다. 그러던 막내가 내가 풀리더니 아버님과 함께 고침을 받았다.

"이르시되 무릇 사람이 할 수 없는 것을 하나님은 하실 수 있느니라"-
눅 18:27

17

먼저 그의 나라와 그의 의를 구하라

1984년 성전 건축을 위해 기도하고 싶은 마음이 들었다.

교회에서는 아직 교회건축에 대한 계획을 논한 적은 없었지만 교회를 설립한 지 오래되어 규모도 작고 낡아서 크고 아름다운 새 교회를 건축했으면 좋겠다는 생각에 성전 건축을 마치고 헌당 예배를 드릴 때까지 몇 년 동안 아침 금식을 하며 새벽기도를 하기로 결심하고 주님 앞에 기도를 드렸다.

"주님 저는 1억이 필요합니다. 1억짜리 주택 복권 한 번만 당첨되게 도와주세요. 1천만 원은 십일조, 5천만 원은 건축 헌금, 1천만 원은 감사헌금 드리고 남은 돈은 공부하여 온 천하 만민에게 복음을 전하는 주님의 일꾼이 되겠습니다"

기도의 목적이 주님의 일을 하기 위한 것이라 속히 이루어주실 것이라는 믿음을 갖고 열심히 기도했다.

"하나님아버지 우리 교회가 진리의 말씀 안에 견고히 서서 먼저 주님의 나라와 주님의 의를 구하며 이 나라와 이 민족의 구원을 위하여 온 인류의 구원의 섭리의 성취를 위하여 기도하고 세계선교의 비전을 갖는 교회가 되게 하소서. 주일학교가 부흥되게 하시고 필요한 일꾼들도 보내주소서."

  온 마음을 쏟아 기도했다. 그러나 4, 5개월이 지나도 아무 응답이 없자 낙심이 되었다. 새벽기도를 하지 않고는 살 수 없는 체질이라 새벽기도에는 참석을 하면서도 금식은 하지 않았다. 그런데 갑자기 설사를 하면서 배가 아프기 시작했다. 어려서부터 이제까지 한 번도 설사를 한 적이 없었다. 나는 항상 변비 때문에 고생하는 사람인데 설사를 하다니 너무 황당했다. 상황이 다급해서 택시를 타고 병원에 갔다. 병원에 들어서자 찬송이 울려 퍼졌다.

  죄 많은 이 세상은 내 집 아니네
  내 모든 보화는 저 하늘에 있네
  저 천국 문을 열고 나를 부르네
  나는 이 세상에 정 둘 수 없도다
  오 주님 같은 친구 없도다
  저 천국 없으면 난 어떻게 하나
  저 천국 문을 열고 나를 부르네
  나는 이 세상에 정 둘 수 없도다.

저 영광에 땅에 나 길이 살겠네

손잡고 승리를 외치는 성도들

이 기쁜 찬송 울려 퍼지네

나는 이 세상에 정 둘 수 없도다.

오 주님 같은 친구 없도다

저 천국 없으면 난 어떻게 하나

저 천국 문을 열고 나를 부르네

나는 이 세상에 정 둘 수 없도다.

찬송을 듣는 순간 온몸에 전율이 흐르면서 눈물이 쏟아졌다. 우연이 아니구나…. 하나님이 주관하고 계심을 깨닫고 회개하기 시작했다.

"하나님 어린아이처럼 옅은 믿음과 조급했던 죄를 회개하오니 용서해 주시고 성령의 인도하심 따라 기도하는 기도의 사람이 되게 하소서"라고 기도했다.

그날 밤 남편이 집에 들어오더니 분한 감정을 다스리지 못하고 "개자식들 다 죽여 버리고 차라리 감방에 가고 말겠다"며 소리를 질렀다. "무슨 일이냐?"고 물었더니 전에 찾아와 괴롭히던 조폭들이 다시 회사에 찾아와 협박을 한다고 했다.

조폭들의 발걸음을 막아주신 것이 하나님의 은혜인 줄도 모르고 까맣게 잊고 있었는데 이제야 하나님이 보호막이 되어 주셨음을 알게 되었다. 남편 회사 같은 부서에서 근무했던 청년이 유흥업소에서 많은 빚을 지고 도망을 갔다. 유흥업소 주인이 그 사람을 찾으려고 조폭 세 명을 사주해 그의 직속 상사였던 남편을 찾아와 협박을 했던 것이다.

금식기도를 시작한 후 어느 날부터인지 조폭들이 찾아오지 않았다. 우리는 아무 생각 없이 무심하게 지나버렸다. 날마다 우리의 삶 속에서 섬세하고 세밀하게 보호하며 인도하시는 그 놀라운 사랑을 전혀 깨닫지 못하고 하나님의 은혜를 은혜로 알지 못하고 대수롭지 않게 넘기고 살아온 것이 얼마나 많은가? 주님을 영접한 그 시간부터 지금까지 철 따라 기성복도 아닌 맞춤옷으로 동생을 통해 입혀 주시고, 겨울이면 추위에 떨며 기도하는 나에게 따뜻한 방한복이 필요함을 아시고 파카를 보내 입혀 주신 하나님. 까마귀를 통하여 엘리야를 먹이신 하나님께서 동생을 통하여 나에게 좋은 것으로 입혀 주고 계심을 알지 못하고 나는 하나님의 은혜라고 한 번도 생각한 적이 없었다.

하나님의 은혜가 아니면 박봉의 월급에 어찌 가족들을 살뜰히 돌볼 수 있었을까? 동생은 내가 교회 나가기 전부터 신앙생활을 하고 있었다. 동생은 적은 봉급생활을 하면서도 자기가 쓸 것을 아껴 부모님과 형제들에게 늘 베풀며 하나님의 사랑을 실천하는 신실한 믿음 생활을 하고 있었다. 그러나 나는 그게 하나님의 사랑과 은혜라는 걸 모르고 형제간의 우애로만 생각했는데 이제야 하나님의 사랑과 은혜였음을 깨닫게 되었다.

'이스라엘 백성이 출애굽 하여 광야를 지나는 동안 하나님께서 얼마나 많은 기적을 행하시고 낮에는 구름 기둥으로 밤에는 불기둥으로 하나님이 그들의 보호막이 되어 주셔서 불 뱀과 전갈을 비롯한 해충들의 공격을 받지 않고 무사히 광야를 통과할 수 있었지만 이스라엘 백성은 깨닫지 못하고 늘 불평과 원망으로 하나님을 거역했다.

그때 하나님이 그들을 깨우치시기 위해 방치하자 불 뱀이 많은 사람을 물어서 죽게 되었다. 이 모습을 보시고 하나님께서 모세에게 놋 뱀을 장대에 매달아 쳐다보게 하라 명하시니 모세가 놋 뱀을 장대에 달아 쳐다보게 하므로 쳐다보는 사람이 다 살았다'는 성경을 읽으면서 이스라엘 백성은 마음이 강퍅하고 미련한 민족이라고 비난했었는데 그들의 모습이 바로 나의 모습이라는 걸 깨닫게 되었다.

광야 같은 이 세상에서 우리에게 하나님의 보호막이 없으면 악한 영들의 공격을 방어할 능력이 없음을 깨닫게 되었다. 이스라엘 백성이 그렇게 많은 기적을 체험하면서도 깨닫지 못한 것 같이 나 또한 많은 기적의 축복을 받고서도 그 은혜를 깨닫지 못한 것은 이스라엘 백성들의 역사 이야기나 나만의 이야기가 아니라 이 시대를 살아가는 우리들의 모습이라고 생각한다.

날마다 우리들의 삶의 현장 속에서 보호하고 인도하시는 무한하신 은혜를 받고 살면서도 깨닫지 못해 감사하지 못하는 미련한 인생이라는 걸 깨닫고 다음 날 아침부터 다시 금식을 시작했다. 금식기도 후 조폭들이 다시는 찾아오지 않았다.

"내가 기뻐하는 금식은 흉악의 결박을 풀어주며 멍에의 줄을 끌러 주며 압제당하는 자를 자유하게 하며 모든 멍에를 꺾는 것이 아니겠느냐" - 사 58:6

18

아멘으로 병 고침을 받은 권사님

어느 날 이 집사님이 우리 집에 찾아와서 나에게 자기 집에 같이 좀 가자고 부탁을 했다. "무슨 일이 있냐?"고 물었더니 "오늘 새벽에 집사님 때문에 우리 집에 사시는 임 권사님이 은혜 받고 병 고침을 받았대요. 그래서 임 권사님이 집사님을 한 번 만나고 싶어 한다"고 말했다.

나는 "나 때문에 병을 고쳤다니 그게 무슨 말이에요?"라고 되물었으나 이 집사님은 점점 알아들을 수 없는 말을 했다.

임 권사님은 새벽이면 남보다 먼저 교회에 나가 기도하고 싶은 마음에 일찍 나오는데도 언제나 나와 보면 내가 먼저 나와서 기도를 하고 있는데 그 기도와 찬송이 너무나 은혜로워 내 바로 뒷자리에 앉아서 내 기도에 늘 "아멘"만 하고 있었다고 한다.

그런데 오늘 새벽에 내가 찬송을 부르는 시간에 갑자기 배에서 요동치는 소리가 나더니 그동안 앓고 있던 암 덩어리가 풀리면서 밑으로 쏟아져 나왔다고 했다. 그동안 병원에도 다녀보고 약도 써봤지만 고치지 못해 마지막으로 죽기 전에 미국으로 가 딸을 만나고 싶어 미국에 갈 날짜만 기다리며 하나님께 "딸을 만나게 해달라"고 기도를 드렸다고 한다. 그런데 생각지 못했던 병을 고쳤으니 고맙다는 인사라도 해야 할 텐데 어디 사는 누구인지도 모르고 새벽에 일찍 나와 앞에서 두 번째 의자에 앉아 기도하는 젊은 집사라는 것밖에 모르니 이 집사님께 좀 만날 수 있게 해달라는 부탁을 하셨다고 한다.

임 권사님은 6개월 전 타 교회에서 전입해 오신 원로 권사님으로 사위가 미국에서 목회를 하시는데 딸을 만나러 미국에 가시려고 비자가 나오기를 기다리며 이 집사님 댁에서 임시 거주하고 계신다고 하셨다. 보잘것없는 나로 인하여 은혜를 받고 만나고 싶어 하신다는 말을 듣고 권사님을 찾아갔다.

나를 본 권사님은 반갑게 맞으시며 "오늘 새벽 집사님이 부른 찬송은 주님이 기뻐 받으시는 감동의 찬송이었어요. 얼마나 많은 은혜를 받았는지 몰라요. 정말 고마워요"라며 고맙다는 말을 수차례 되풀이하셨다. 나는 "권사님 제게 고맙다고 하지 마시고 하나님께 감사와 영광을 올려드리세요"라고 말씀드렸다.

나도 오늘 새벽 찬송을 부르는 순간 하나님이 함께하심을 깨달았다. 찬송 가사 한 구절 한 구절이 심령에 새겨지고 있음에 감동을 받아 30, 40분을 불렀다.

〈성자의 귀한 몸 날 위하여 〉
버리신 그 사랑 고마워라
내 머리 숙여서 주님께 비는 말
나 무엇 주님께 바치리까

지금도 날 위해 간구하심
이 옅은 믿음이 아옵나니
주님의 참사랑 고맙고 놀라워
찬송과 기도를 쉬지 않네
주님의 십자가 나도 지고
신실한 믿음과 마음으로
형제의 사랑과 친절한 위로를
뉘게나 베풀게 하옵소서

만 가지 은혜를 받았으니
내 평생 슬프나 즐거우나
이 몸을 온전히 주님께 바쳐서
주님만 위하여 늘 살겠네

    내 영혼 깊은 곳에서 울려 나오는 찬송은 하나님의 보좌를 움직이는 능력이 되었다. 주님의 사랑 안에서 권사님과 많은 대화를 나누고 집으로 돌아왔다. 얼마 후 권사님은 미국으로 가셨다.

19

부름받은 군사의 임무

친정어머니 기일을 맞아 친정에 갔다. 친정에 도착하자 이가 쑤시며 아프기 시작했다. 진통제를 몇 차례 먹고 약국에서 조제를 해 먹어도 통증은 더 심해졌다. 불현듯 내일 새벽기도를 해야 한다는 생각이 들었다. 통증을 참기 힘들어서 집에 가야겠다고 아버님께 말씀드리고 친정을 나와 시내버스를 탔다. 버스에 오르는 순간 통증이 사라졌다. 마음속에서 하나님의 말씀이 솟아올랐다.

"너는 그리스도 예수의 좋은 병사로 나와 함께 고난을 받으라 병사로 복무하는 자는 자기 생활에 얽매이는 자가 하나도 없나니 이는 병사로 모집한 자를 기쁘게 하려함이라" – 딤후 2:3-4

하나님은 나에게 더욱 강한 훈련을 시키셨다. 밤새워 성경을 읽고 기도하게 하시고 수면시간도 하루에 4시간밖에는 허락하지 않으셨다.

성경을 읽을 때마다 마음이 편안해지고 눈물과 콧물이 쏟아지면서 짙은 담이 나왔다. 그리고 콧등이 찡하며 감기 기운이 있는 것처럼 항상 몸이 으슬으슬하게 추웠던 증상이 사라지고 3살 때 홍역을 앓다 백일기침에 걸린 후 30년 넘도록 숨이 가쁘고 목에 가래가 차고 한 번 감기에 걸리면 몇 달씩 기침 때문에 고통을 받아 왔는데 성경을 읽을 때마다 짙은 담이 나오더니 가래가 사라지고 숨이 가쁜 증상도 사라졌다.

말씀을 봉독할 때마다 하나님의 진리의 신비와 능력을 체험하게 되었고 속회예배를 인도할 때마다 속도원들에게 신앙생활에 기본이 되는 성경을 읽어야 할 이유를 설명하고 많이 읽도록 권면했고 나 또한 식사는 거르는 일이 있어도 성경을 읽지 않고는 살 수 없었다.

"모든 성경은 하나님의 감동으로 된 것으로 교훈과 책망과 바르게 함과 의로 교육하기에 유익하니 이는 하나님의 사람으로 온전하게 하며 모든 선한 일을 행할 능력을 갖추게 하려 함이라" - 딤후 3:16-17

"여호와의 율법은 완전하여 영혼을 소성시키며 여호와의 증거는 확실하여 우둔한 자를 지혜롭게 하며 여호와의 교훈은 정직하여 마음을 기쁘게 하고 여호와의 계명은 순결하여 눈을 밝게 하시도다 여호와를 경외하는 도는 정결하여 영원까지 이르고 여호와의 법도 진실

하여 다 의로우니 금 곧 많은 순금보다 더 사모할 것이며 꿀과 송이 꿀보다 더 달도다"–시 19:7-10

"너를 낮추시며 너를 주리게 하시며 또 너도 알지 못하며 네 조상들도 알지 못하던 만나를 네게 먹이신 것은 사람이 떡으로만 사는 것이 아니요 여호와의 입에서 나오는 모든 말씀으로 사는 줄을 네가 알게 하려하심이니라"– 신 8:3

마음의 생각과 뜻을 아시는 주님께서 항상 나와 함께하시므로 기도할 때마다 성경을 읽을 때마다 새 은혜를 주셔서 가지각색의 은사를 받았다. 하나님이 나에게 여러 가지 은사를 주심은 나의 교만한 마음과 편견을 버리고 온전하신 예수 그리스도의 능력 안에서 성숙한 인격을 갖춘 신앙인으로 세우시기 위해서라고 생각한다.

20

가난 마귀를 물리치다

월급날인데 남편은 집에 들어오지 않았다. 성경을 읽다가 잠이 들었다.

꿈속에서 "동생이 뭐 하지?"라는 남자의 음성이 들렸다. 밖으로 나가보니 우리 집은 다 쓰러져 가는 오두막집인데 돌담 밖에서 한 남자가 서성거리며 우리 집 안을 넘겨다보고 있었다.

그 순간 내 입에서 "이 사람이 또 경마장에 갔구나. 이 일을 어찌하면 좋단 말인가? 주여! 이 사람의 못된 행동을 고쳐주옵소서. 주님의 능력이 아니면 저 사람을 바로잡아 줄 사람이 없나이다"라고 기도했다.

기도하면서 방문 쪽을 쳐다보니 열서너 살쯤 되어 보이는 계집아이가 누더기 옷을 입고 방문 옆에 서 있었다. 거지 아이를 보는 순간 모든 게 이 아이 때문이라는 생각이 들면서 죽이고 싶었다.

이리 오라고 손짓을 하면서 고함을 질렀더니 벌벌 떨면서 내 앞에 와 섰다. 얼마나 분이 나는지 거지 아이의 두 다리를 들어 시멘트 바닥에 힘껏 내리쳤다.

처음에는 힘이 없어 들어 올리기가 힘이 들었지만 한 번 두 번 계속해서 내려치다 보니 힘이 솟아, 번쩍 들어 사정없이 내리쳤더니 거지 아이는 내 손에서 조그만 인형이 되었다. 나의 애통함과 눈물의 기도를 들으신 주님께서 머지않아 내 가정에 복 주시려고 가난 마귀를 물리치고 승리하게 하신 하나님께 감사의 찬양을 올려드렸다.

예수 이름으로 예수 이름으로 승리를 얻었네
예수 이름으로 예수 이름으로 승리를 얻었네
예수 이름으로 나갈 때 우리 앞에 누가 서리요
예수 이름으로 나갈 때 승리를 얻었네

예수님을 따라 예수님을 따라 어디든 가리라
예수님을 따라 예수님을 따라 어디든 가리라
예수님을 따라 나갈 때 밝은 태양 빛이 비치고
예수님을 따라 나갈 때 밝은 내일 있네

21
변함없는 사랑

월급날 집에 들어오지 않은 남편이 나흘 만에 빈 봉투만 가지고 들어왔다. 아무리 믿음으로 참고 견디며 살아보려고 해도 온 가족이 생계의 위협을 받고 있는 현실 속에서 참고 인내하는 것만이 능사가 아니라는 생각이 들었다. '나 없이 아이들 데리고 고생 좀 해봐야 정신이 들겠다'는 생각에 '집을 나가야겠다'고 마음먹고 교회에 나가 밤새 하나님께 기도를 드렸다.

"나의 형편과 처지를 잘 아시는 하나님, 언제까지 이 무거운 짐을 지고 고난의 길을 걸어야 합니까?"라고 기도하자 "수고하고 무거운 짐 진 자들아 다 내게로 오라 내가 너희를 쉬게 하리라"(마 11:28)라고 말씀하셨다.

"주님! 저로서는 감당할 수 없어요. 주여! 감당하여 주옵소서!"라고 괴롭고 아픈 마음을 쏟아 호소하는데 주님의 음성이 들려왔다.

"딸아! 내가 너보다 그를 먼저 택하였노라. 너는 내 아들이 나에게 회개하고 돌아올 수 있도록 기도하라."

"하나님아버지 무슨 말씀이십니까? 나보다 그를 먼저 택하셨다니요?"

나는 하나님은 언제나 내 편이라고 생각했다.

그런데 그토록 나를 괴롭히고 핍박하는 남편을 사랑하신다니 왠지 모르게 마음 한구석에 서운한 생각이 들었다. 남편에게 여섯 살 때 주일학교에 다녔다는 말을 들은 적이 있다. 어린 시절 잠깐 다녔던 그를 몇십 년이 지난 지금까지 사랑하고 계신다니, 하나님의 변함없는 사랑에 새삼 놀랐다. 하나님께서 그를 위해 기도하라고 하셨지만 싫었다. 날이 밝으면 집을 나가겠다고 벼르고 있었다.

아침이 되었다.

큰아이가 잠자리에서 일어나면서 "엄마 머리가 아파요"하며 울었다. 머리를 만져보니 불덩이같이 뜨겁고 고개는 옆으로 돌아가 있었다. 너무나 무섭고 두려워 떨면서 아이를 끌어 앉고 마음을 찢으며 하나님께 기도했다. "아버지 살려주세요. 저 너무나 힘들어요. 저를 용서하시고 아들을 고쳐주세요"라고 통곡했다.

"하나님께서 구하시는 제사는 상한 심령이라 하나님이여 상하고 통

회하는 마음을 주께서 멸시하지 아니하시리이다"- 시 51 : 17

참마음으로 뉘우치며 회개한 내 기도를 들으시고 아이를 고쳐주셨다. 때에 따라 주신 은혜를 어찌 다 헤아릴 수 있을까? 그토록 많은 은혜를 받고 살면서도 감사하지 못하고 하나님의 뜻을 거역한 죄로 인하여 내리신 징계인 것을 깨닫고 날마다 회개하며 기도를 드렸다. 기도할 때마다 조금씩 좋아지더니 3개월이 지나서야 정상으로 회복되었다.

"누구든지 자기 친족 특히 자기 가족을 돌보지 아니하면 믿음을 배반한 자요 불신자보다 더 악한 자니라"- 딤전 5:8

22

쉬지 말고 기도하라

하나님의 섭리를 인간이 감히 어떻게 거역할 수 있겠는가!

코 뚫린 소가 멍에를 벗어나려고 발버둥 쳐봐야 상처만 날 뿐이다. 그렇다면 순리대로 살아야지 씨앗을 뿌려놓고 밤새도록 물을 준다고 하룻밤 사이에 싹이 날 수 없지 않은가? 이것이 자연의 순리라면 내가 이렇게 힘들고 어렵게 신앙생활을 한다고 될 일인가?

나도 이제는 남들처럼 편하게 신앙생활을 해야겠다는 생각이 들었다. 내일부터는 새벽기도 시간에 맞춰 나가야겠다고 마음먹고 잠자리에 들었다. 꿈속에서 무성한 나무에 크고 먹음직스러워 보이는 최상급 배가 주렁주렁 달려있는 큰 과수원이 보였다. '농사를 잘 지었으니 잠깐 집에 들어가 쉬어야지' 하고 들어가 쉬고 나와 보니 그렇게 무성하던 배나무에 벌레가 생겨 열매와 나뭇잎을 다 갉아먹고 가지만 앙상하게 남아있었다. 그 순간 내가 실수했다는 생각이 들었다.

실과를 거두어들일 때까지 쉬지 않고 과수원을 잘 관리했다면 애써 가꾸어 놓은 실과를 망치지 않았을 텐데 게으름을 피우다가 다 지어 놓은 농사를 망쳤다고 생각하니 억울해서 견딜수가 없었다. 안타까워 몸부림치다 눈을 뜨니 새벽 3시였다. 나의 마음의 생각과 뜻을 감찰하시는 하나님께서 쉬지 말고 깨어기도할 것을 깨우쳐 주시는 계시였다. 최상급 실과를 풍성히거두어 곳간에 쌓는 그날까지 쉬지 않고 기도하리라 다짐하고일어나 찬송을 부르며 교회로 향했다.

어려운 시험 당할 때 기도했나요
주가 함께 당하시면 능히 이기리
기도는 우리의 안식 빛으로 인도하리
앞이 캄캄할 때 기도 잊지 마세요

나의 일생 다 가도록 기도하리라
주께 맡긴 나의 생애 영원하리라
기도는 우리의 안식 빛으로 인도하리
앞이 캄캄할 때 기도 잊지마세요

3부

시련과 고통 속에서도
함께 하신다

01

기도로 세워진 아름다운 성전

1985년 교회 건축 계획을 발표했다. 작정 기도를 시작한 지 5개월 후 우리 동네와 지역에 많은 다세대 주택공사가 시작되더니 1년 후 많은 세대가 입주했다. 같은 시기에 우리 지역에 수천 명의 종업원을 거느린 회사가 이전을 해왔고 많은 교인이 등록을 하고 주일학교 교사로 성가대원으로 섬기며 봉사했다. 어느 집사님 부부는 오래 근무했던 회사를 퇴사하고 퇴직금 전액을 건축 헌금으로 봉헌하기도 했다. 기도의 열기가 더해 갈 무렵 우리 교회에서 불과 2km 거리도 되지 않는 곳에서 살인사건이 발생했다.

그 사건이 전국에서 유명한 화성 연쇄살인사건의 첫 번째 사건이었다. 첫 번째 사건 이후 11번의 살인사건이 우리 교회 주변 2-10km 내에서 발생했다. 지역 사회가 혼란해지자 남편은 교회에서 혼자 철야 하는 것을 만류했다.

지금은 아파트가 많이 들어섰지만 그때 당시에는 교회가 동네와 좀 떨어져 외진 곳이었다. 하지만 아무리 만류를 해도 나는 기도하지 않고는 견딜 수 없었다. 주님의 은혜 안에서 온 교인이 합심하고 협력하여 2년 후 1,700평 대지 위에 408평의 아름다운 교회를 건축하게 되었다.

구하는 것보다 더 크게 주신 하나님

성전 건축을 마치고 온 교인이 기쁘고 즐거운 마음으로 헌당 예배를 드렸다.

그리고 몇 달 후 그렇게 방탕한 생활로 방황하던 남편이 I 회사에 입사를 하게 되었다.

아침마다 밥상을 차려놓고 깨워도 일어나기 싫다고 꾸물거려 내 속을 태우며 한 달에 20일도 출근하지 않고 또 어떤 회사에서는 임금도 못 받고 이 회사 저 회사 떠돌아다니며 방황하던 그가 경마와 도박을 끊고 하루도 결근하는 날 없이 공휴일에도 특근을 했다. 그의 변화된 모습에 이웃 사람들도 놀랄 지경이었다.

연 500%의 상여금에 아이들 학자금 전액을 지급받고 기능직의 경력을 인정받아 보수도 높았다. 이제 우리 가정도 안정된 생활을 할 수 있게 되었다.

이 모든 것이 하나님의 은혜임을 알기에 정성을 모아 하나님께 감사 예물을 드리고 지금까지 하지 못했던 십일조를 드렸다.

그동안 헤아릴 수 없을 만큼 영적인 축복은 충만하게 받았지만 물질의 축복은 받지 못했다. 그런데 십일조 헌금을 드리면서부터 내 통장과 지갑에 돈이 떨어지지 않는 축복을 체험하게 되었다.

액수를 보지 않으시고 예물에 담긴 정성을 보시는 아버지 하나님은 우리가 예물을 드리기 전 우리의 마음과 형편을 다 알고 계시므로 사람을 의식하지 않고 적은 예물도 기쁘고 감사한 마음으로 올려드리면 하나님은 그 정성을 기쁘게 받으신다.

"만군의 여호와가 이르노라 너희의 온전한 십일조를 창고에 들여 나의 집에 양식이 있게 하고 그것으로 나를 시험하여 내가 하늘 문을 열고 너희에게 복을 쌓을 곳이 없도록 붓지 아니하나 보라" - 말 3:10

나는 날마다 하나님이 주시는 참 평안과 기쁨과 소망을 가지고 아이들과 가정예배를 드렸다. 예배를 드릴 때마다 하나님은 우리 세 모자의 예배를 뿔과 굽을 가진 황소를 드림보다 더 기쁘게 받으시고 우리를 향하신 하나님의 뜻을 이루시는데 필요한 모든 것을 공급하시기 위하여 성령의 인도하심 따라 기도하게 하시고 작정 기도를 시작하는 첫날부터 일하고 계셨음을 깨닫게 하셨다.

"이와 같이 성령도 우리의 연약함을 도우시나니 우리는 마땅히 기도할 바를 알지 못하나 오직 성령이 말할 수 없는 탄식으로 우리를 위하여 친히 간구하시느니라 마음을 살피시는 이가 성령의 생각을 아시나니 이는 성령이 하나님의 뜻대로 성도를 위하여 간구하심이니라"- 롬 8:26-27

"기록된 바 하나님이 자기를 사랑하는 자들을 위하여 예비하신 모든 것은 눈으로 보지 못하고 귀로 듣지 못하고 사람의 마음으로 생각하지도 못하였다 함과 같으니라 오직 하나님이 성령으로 이것을 우리에게 보이셨으니 성령은 모든 것 곧 하나님의 깊은 것까지도 통달하시느니라 사람의 일을 사람의 속에 있는 영외에 누가 알리요 이와 같이 하나님의 일도 하나님의 영외에는 아무도 알지 못하느니라 우리가 세상의 영을 받지 아니하고 오직 하나님으로부터 온 영을 받았으니 이는 우리로 하여금 하나님께서 우리에게 은혜로 주신 것들을 알게 하려 하심이라 우리가 이것을 말하거니와 사람의 지혜가 가르친 말로 아니하고 오직 성령께서 가르치신 것으로 하니 영적인 일은 영적인 것으로 분별하느니라 육에 속한 사람은 하나님의 성령의 일들을 받지 아니하나니 이는 그것들이 그에게는 어리석게 보임이요 또 그는 그것들을 알 수도 없나니 그러한 일은 영적으로 분별되기 때문이라"- 고전 2:9-14

그러므로 성도들이여 성령 받기를 사모하십시오. 성령의 인도하심 따라 살면 구원의 비밀을 알게 된다. 주어진 은혜를 깨닫게 된다. 영적 분별력을 갖게 된다.

"만군의 여호와가 이같이 말하노라 만군의 여호와의 집 곧 성전을 건
축하려고 그 지대를 쌓던 날에 있었던 선지자들의 입의 말을 이날에
듣는 너희는 손을 견고히 할지어다 이날 전에는 사람도 삯을 얻지 못
하였고 짐승도 삯을 받지 못하였으며 사람이 원수로 말미암아 평안
히 출입하지 못하였으나 내가 모든 사람을 서로 풀어주게 하였느니
라 만군의 여호와의 말씀이니라 이제는 내가 이 남은 백성을 대하기
를 옛날과 같이 아니할 것인즉 곧 평강의 씨앗을 얻을 것이라 포도나
무가 열매를 맺으며 땅이 산물을 내며 하늘은 이슬을 내리리니 내가
이 남은 백성으로 이 모든 것을 누리게 하리라" - 슥 8:9-12

하나님의 은혜로 생활이 안정되어 그토록 원하고 바라던 공
부를 시작했다. 2년 동안 검정고시 학원에서 열심히 공부하여
중·고등학교 졸업자격 고시에 합격했다.

하나님이 주신 특별한 선물

큰아이가 중학교 1학년 때 민속촌으로 봄 소풍을 갔다 오면서 명함 한 장을 가지고 와서 "엄마! 이분에게 편지 좀 보내주세요. 편지하면 장난감 보내주신대요"라며 명함을 내밀었다. 받아 보니 미국 일이노이주에 사는 Pory Mayas라는 미국인이었다.

아이의 부탁을 받아 편지를 썼다. 2주 정도 지나서 답장이 왔다. 편지의 사연을 읽어보니 남편이 6.25 참전 용사라 6.25 35주년을 맞아 한국 정부의 초청을 받아 한국에 나왔다가 민속촌에 들리게 되었다고 했다.

그분은 독실한 크리스천으로 여러 나라에 단기 선교도 다닌다고 하셨다. 우리는 주안에서 서로의 가정과 섬기는 교회를 위하여 기도하며 교제를 나누었다.

1년 후 편지 봉투 안에 우표 70장이 들어있어서 살펴보니 오래된 미국 우표와 여러 나라의 우표들이 들어있었다. 이 우표를 보고 큰아이가 기쁘고 벅찬 감동으로 "엄마! Pory Mayas 부인이 엄마가 우표 수집하는 것을 어떻게 알고 우표를 보내셨을까요?"라며 신기해하면서 기뻐했다.

나는 우표 수집하는 취미가 있었지만 생활 형편이 어려워 기념 우표는 사지 못하고 사용한 우표를 기회 나는 대로 주워 모은 것뿐이었다. 그래서 아이는 엄마가 우표를 수집하고 있다고 생각한 것이다.

생명을 살리는 기도

남편이 야간 근무를 하는 주간이라 교회에 나가 철야 기도를 했다. 새벽기도를 마치고 집에 돌아오니 남편이 병원 중환자실에 입원해 있다는 소식이 들려왔다. 너무 놀라서 병원으로 달려가 보니 어젯밤 근무 중에 갑자기 정전이 되어 불을 켜려고 올라갔다가 고압선에 감전되어 정신을 잃고 10m 높이에서 떨어졌다고 했다.

그 순간 차단기가 내려가지 않았다면 현장에서 사망했을 거라는 무서운 이야기를 들었다. 불행 중 다행으로 차단기가 내려가 갈비뼈가 3개나 부러지는 중상은 입었지만 그의 생명을 구할 수 있었다고 한다.

한 치 앞도 예측할 수 없는 험한 세상에서 다가올 위험을 아시고 밤새워 기도하게 하시고 위험을 물리치고 사망에서 구원해 주신 하나님께 감사의 기도를 드렸다.

"주여 감사합니다. 항상 나와 함께 하셔서 내 기도를 들으시고 나와 내 가족들을 보호하고 인도하시는 하나님 내 일생 생명을 살리는 기도하는 기도의 사람이 되게 하소서"라고 기도했다. 하나님의 은혜로 남편은 3개월 만에 퇴원했다.

05

하나님이 일하시고자

남편이 퇴원하고 며칠 후 홍 권사님이 "정 집사님 댁 심방 예배 인도를 해달라"는 부탁을 하셨다. 정 집사님 자부가 출산을 했는데 아이의 다리가 퍼지지 않아 집안이 초상집 분위기라고 했다. 아이 엄마는 여호와의증인 가정에서 자란 지독한 이단 사상에 사로잡혀 시집을 와서도 시부모님이 "교회 가자"고 하니 어쩔 수 없이 끌려 나오지만 예배는 드리지 않고 그냥 자리만 채우고 다녔고 그 누구의 말도 받아들이지 않았다고 한다. 그러던 그녀가 아기 때문에 심방을 받아들이게 된 것이다. 찬송을 부르고 기도를 하고 성경 말씀 요한복음(9:1-7)을 봉독했다.

"예수께서 길을 가실 때에 날 때부터 맹인 된 사람을 보신지라 제자들이 물어 이르되 랍비여 이 사람이 맹인으로 난 것이 누구의 죄로 인함이니까? 자기이니까? 그의 부모이니까? 예수께서 대답하시되 이 사람이나 그 부모의 죄로 인한 것이 아니라 그에게서 하나님이 하시는 일을 나타내고자 하심이라 때가 아직 낮이매 나를 보내신 이의 일을 우리가 하여야 하리라 밤이 오리니 그때는 아무도 일할 수 없느니라 내가 세상에 있는 동안에는 세상의 빛이로라 이 말씀을 하시고 땅에 침을 뱉어 진흙을 이겨 그의 눈에 바르시고 이르시되 실로암 못에 가서 씻으라 하시니 이에 가서 씻고 밝은 눈으로 왔더라"

말씀을 전하고 합심하여 통성으로 힘을 모아 기도했다. 기도를 마치고 아기의 다리를 펴보니 기적이 일어났다. 이미 하나님이 하시고자 하신 일을 하셨다. 아기 엄마는 울면서 어떻게 이런 일이 있을 수 있느냐고 물었다.

"믿음이 있어야 고칠 수 있다고 하던데 저는 믿음이 없어요. 이런 일이 일어날 거라는 생각은 해보지 못했고 제가 어머님 따라 교회는 끌려다니면서도 진리를 받아드릴 수가 없었어요"라고 했다. 그래서 자신의 죄로 인하여 이런 벌을 받는다고 생각했다고 했다.

그녀의 말을 듣고 다시 본문 말씀을 펴 보이면서 "하나님의 말씀에 그의 부모의 죄도 아니고 그의 죄도 아니고 하나님이 그에게서 하나님이 하시는 일을 나타내고자 하심이라고 기록되지 않았냐"라고 하니 그때서야 믿고 기뻐했다.

한 생명을 천하보다 귀하게 여기시는 하나님이 그 가정을 구원하시려고 놀라운 일을 행하셨음을 깨닫고 존귀와 영광과 찬양을 올려드렸다. 그 일로 인하여 그녀는 열심히 신앙생활을 하게 되었다. 그리고 그녀와 나는 공부를 좋아하는 고통점이 있어 주 안에서 더 가까워질 수 있었다.

잃어버린 양을 찾으시는 하나님

친정아버지가 간경화로 1년이 넘도록 투병 생활을 하셨다.

간병 생활에 지친 올케가 가출을 하여 아버지를 우리 집으로 모셔왔다. 목사님을 모셔다 예배를 드리기도 하고 날마다 아버지께 성경을 읽어 드리고 나를 따라 기도하시도록 하루에도 몇 번씩 반복했다. 아버지는 내가 아버지를 위하여 하나님께 기도를 드릴 때면 기뻐하셨고 나를 따라 기도하시기를 좋아하셨다.

아버지는 19세 청년 때에 일본으로 가셨다가 28세 되던 해 광복을 맞아 귀국하셨다고 말씀하셨다. 일본에 계실 때에 어느 기독교 단체에서 운영하는 무료급식소가 있었는데 믿지 않는 사람들도 식사 한 끼를 얻어먹기 위해 많이 몰렸다고 하셨다. 아버지도 그중에 한 사람으로 매일 급식소에 가셔서 식사를 하셨는데 식사를 하기 전에 목사님이 기도를 하시면 믿음도 경외하는 마음도 없이 "아멘"을 했다고 하셨다.

아버지는 광복 이후 하나님의 존재하심도 의식하지 못하고 살아오셨는데 하나님은 그 오랜 세월 속에서도 잊지 않으시고 잃어버린 양을 찾아주셨다.

"너희 중에 어떤 사람이 양 백 마리가 있는데 그중에 하나를 잃으면 아흔아홉 마리를 들에 두고 그 잃은 것을 찾아내기까지 찾아다니지 아니하겠느냐? 또 찾아낸즉 즐거워 어깨에 메고 집에 와서 그 벗과 이웃을 불러 모으고 말하되 나와 함께 즐기자 나의 잃은 양을 찾아내 었노라 하리라 내가 너희에게 이르노니 이와 같이 죄인 한 사람이 회 개하면 하늘에서는 회개할 것 없는 의인 아흔아홉으로 말미암아 기 뻐하는 것보다 더하리라" - 눅 15:4-7

3개월 동안 우리 집에 계시면서 주님을 영접하고 주님의 이 름으로 세례를 받으시고 모든 죄 사함받고 주님의 이름으로 구 원을 얻어 천국에 가셨다. 하나님께서는 하나님이 기뻐하시는 일, 하나님을 떠났던 자를 주님께 돌아오게 하는 자에게 이런 복을 주신다.

"내 형제들아 너희 중에 미혹되어 진리를 떠난 자를 누가 돌아서게 하면 너희가 알 것은 죄인을 미혹된 길에서 돌아서게 하는 자가 그 의 영혼을 사망에서 구원할 것이며 허다한 죄를 덮을 것임이라" - 약 5:19-20

07
모든 것을 더 하신 하나님

남편이 근무하던 부서가 외주처리를 하게 되었다.

남편이 근무하던 회사는 한국전력 변압기를 제조하여 가공하고 조립하여 한전에 납품하는 회사인데 남편이 근무하는 주조반이 외주처리를 하게 된 것이다.

사업을 시작할만한 자본금은 없었지만 하나님이 주신 축복의 기회라고 믿고 기도하며 시작했다. 시작부터 여호와이레 하나님이 예비하신 축복임을 알 수 있었다. 용량이 크고 값이 비싼 설비는 I회사에서 사용하고 대부분의 기계는 I회사에서 사용했던 것을 가져다 쓰기로 하고 원자재도 유상사급을 주겠다고 하니 자금이 부족한 우리로서는 많은 도움이 되었다. 그동안 모은 돈과 퇴직금을 합하여 알루미늄 주물공장을 설립하고 I회사에 협력업체로 등록하고 남편은 생산을, 나는 납품과 회사 경영을 맡기로 하고 제품을 만들어 납품하기 시작했다.

사업을 하면서 나는 하나님의 놀라운 창조의 섭리를 다시 한 번 깨닫게 되었다. 육안으로 보기에는 같은 알루미늄 같아 보이는데 합금 비율의 성분에 따라 종류를 몇십 가지로 분류하고 제품의 용도에 맞는 재료로 작업을 한다.

강도가 약한 제품을 만들 때는 부드러운 순수 알루미늄, 중간의 강도에는 4B, 강한 제품을 만들 때는 2B, 식용육 절단기를 만들 때는 부식을 막아주는 7A라는 재질을 사용하는데 용해되는 온도가 600℃~950℃까지 재질에 따라 다르다는 것을 알게 되었다.

하나님이 사람을 창조하실 때에도 하나님의 형상대로 만드시되 인간의 체질도 이와 같이 각 사람마다 크기와 모양과 용도를 다르게 하나님이 사용하실 목적의 필요에 따라 만드셨다는 진리를 깨달았다. 또 하나 내가 알지 못했던 놀라운 사실을 알게 되었다.

다이아몬드를 값비싼 보석으로만 알고 있었는데 지구상에서 가장 강한 물체라는 것을 알게 되었다. 무쇠나 동이나 알루미늄을 비롯한 모든 주물제품은 완성되면 주입구를 절단하는 과정을 거쳐야 하는데 이때에 사용하는 전동 톱날에는 다이아몬드가 부착되어 있다. 강철같이 강한 주물제품은 다이아몬드 톱이 아니면 절단할 수 없다. 나는 그 순간 하나님께서 이 사업을 허락하신 것은 경제적 축복만 주시기 위한 것이 아니라 광대하신 하나님 나라의 무궁무진한 인간의 생각과 지식으로서 알 수 없는 깊고 오묘한 진리를 깨우쳐 주시기 위해 하나님의 섭리 안에서 허락하신 축복임을 깨달았다. 나는 그 순간 '아버지 감사합니다. 내 일생 주님께 쓰임 받기 원합니다. 녹슬고 깨지고 부서진 무쇠만도 못한 나를 성령의 용광로에 집어넣어 새로운 피조물로 만드셔서 세계 모든 민족 위에 가장 높은 곳에 주님의 이름으로 세우시고 하나님의 영광의 빛을 온 누리에 비추는 복음의 일꾼 삼으시되 세상에서 가장 강하고 가치 있고 값진 다이아몬드처럼 귀하게 사용해 주소서!'라고 기도하기 시작했다.

병약한 체질이라 화물차를 끌고 다니며 영업하고 납품까지, 힘든 일을 할 수 있으리라고는 상상도 못 했었다. 저녁이면 녹초가 된 몸을 가누기조차 힘들었고 자리에 누우면 세상이 떠나가도 모를 만큼 깊은 잠에 빠졌다. 하지만 아무리 깊은 잠을 자다가도 새벽 2-3시가 되면 허리가 아파 잠에서 깨어나게 되고 교회에 나가 기도를 시작하면 온몸에 쌓였던 피로가 풀리고 새 힘이 솟아났다.

지금까지 지내온 것 주의 크신 은혜라 한이 없는 주의
사랑 어찌 이루 말하랴 자나 깨나 주의 손이 항상
살펴주시고 모든 일을 주 안에서 형통하게 하시네

몸도 맘도 연약하나 새 힘 받아 살았네 물 붓듯이

부으시는 주의 은혜 족하다 사랑 없는 거리에나 험한

산길 헤맬 때 주의 손을 굳게 잡고 찬송하며 가리라

주님 다시 뵈 올 날이 날로 날로 다가와 무거운 짐

주께 맡겨 벗을 날도 멀잖네 나를 위해 예비하신

고향 집에 돌아가 아버지의 품 안에서 영원토록 살리라

　여유 있는 자본금을 가진 전문가도 사업하기가 어려운 현실 속에서, 소자본으로 아무것도 모르는 내가 믿음만 가지고 사업을 시작했으니 어려움은 한두 가지가 아니었다. 어려움이 닥칠 때마다 주님을 더 의지하게 하시고 지나온 수많은 날들을 밤새워 기도하며 성경을 읽고 하나님의 말씀으로 무장하게 하셨던 하나님의 뜻을 깨닫게 하시고 말씀을 통하여 문제들을 해결해 주셨다.

그 크신 하나님의 사랑 말로 다 형용 못 하네

저 높고 높은 별을 넘어 이 낮고 낮은 땅 위에

죄 범한 영혼 구하려 그 아들 보내사

화목 제물 삼으시고 죄 용서하셨네

하나님 크신 사랑은 측량 다 못하네

영원히 변치 않는 사랑 성도여 찬양하세

하늘을 두루마리 삼고 바다를 먹물 삼아도

한없는 하나님의 사랑 다 기록할 수 없겠네

하나님의 크신 사랑 그 어찌 다 쓸까
저 하늘 높이 쌓아도 채우지 못하리
하나님의 크신 사랑은 측량 다 못 하며
영원히 변치 않는 사랑 성도여 찬양하세

"이토록 크신 은총과 축복을 받았으니 내 작은 입술로 어찌 다 감사드릴 수 있겠습니까? 혹독한 핍박과 추위와 굶주림 속에서도 정욕을 위하여 기도하지 않고 성령의 인도하심 따라 주님 나라와 주님의 의를 구하게 하신 하나님. "너희는 먼저 그의 나라와 그의 의를 구하라 그리하면 이 모든 것을 너희에게 더하시리라"(마 6:33) 기록된 말씀이 참 진리임을 생활로 증거하게 하시니 감사합니다. 세상 것으로 자랑할 것 하나 없는 못난 죄인을 일생 주님의 십자가만을 자랑하는 도구로 사용해 주옵소서!"

창립 1주년 결산을 해보니 상상도 못 했던 기대 이상의 축복을 받았다. 하나님의 축복은 인간의 생각과 상상을 초월하신 무한하신 축복임을 깨달았다. 그리고 지난날 1억 원을 목표로 몇 개월 기도하다가 속히 응답하시지 않는다고 낙심하여 작정 기도를 중단했던 조급하고 믿음이 없었던 나 자신이 너무나 부끄러웠다.

성경에 "네 입을 크게 열라 내가 채우리라" 말씀하셨는데 하나님이 함께하시면 구하는 것만 주시는 것이 아니라 구하는 것보다 훨씬 더 좋은 것으로 차고 넘치도록 주시는 전능하신 하나님의 은혜를 깨달았다.

하나님께서는 나의 잘못된 기도의 방법을 회개하게 하시고 가장 좋은 것으로 주시기 위해 술 취함과 방탕 생활로 방황하던 나의 남편을 I회사에 입사시키시고 그동안 사업을 위하여 준비하게 하셨던 것이다. 그리고 가장 좋은 기회에 사업을 시작하도록 허락하셨다. 이 모든 것이 크고 높고 위대하신 하나님의 섭리 안에서 섬세하고 세밀하게 준비하신 하나님의 사랑과 자비의 역사였음을 알게 되었다.

08

하나님의 계획에 초점을 맞추라

상상하지 못했던 축복을 받고 보니 하나님이 나의 품은 뜻을 속히 이루어 주시기 위해 허락하신 축복이라는 생각을 하게 되었다. 나는 사업이 잘 되면 야산을 사서 공장도 세우고 넓은 대지에 사슴 목장을 하면서 돈을 많이 벌어 세계선교를 하고 가난하고 병든 자들을 위하여 하나님의 사랑을 나누는 삶을 살고 싶었다.

계획하는 비전을 이루기 위해 사슴 목장 견학도 하고 사슴사육을 위한 정보도 수집하고 있었기에 당장 야산을 살 수 있는 경제력이 되지 않지만 현실에 맞게 새끼사슴 암수 한 쌍을 사서 사육하기로 남편과 의견을 모았다. 그러던 차에 공휴일을 맞아 남편이 유년 시절을 보냈던 남양주 시이모님 댁을 방문하여 우리의 계획을 말씀드렸더니 그동안 이모님 댁에서 사슴 몇마리를 집에서 사육하시다 농사일이 바쁘고 힘이 들어 사슴을 사육할 수 없어 팔고 캐나다산 수사슴 엘크 한 마리가 남았는데 너무 비싸서 팔리지 않는다고 하셨다.

그 말씀을 듣는 순간 하나님이 형통하게 인도하신다는 생각이 들었다.

그래서 그 사슴을 우리가 사기로 하고 이모부님께 사슴 우리를 지어달라고 부탁을 드렸다. 이모부께서는 필요한 자재 목록을 적어주시며 미리 자재를 준비해 놓고 연락을 하면 필요한 일꾼들을 데리고 와서 작업을 하겠다고 하셨다. 모든 준비를 다 갖추고 연락을 드렸더니 이모부께서 오셔서 3일 동안 작업을 마치고 돌아가셨다.

이제 모든 준비가 완료되었으니 사슴만 데려오면 된다는 기쁜 마음으로 형통함을 주신 하나님께 감사의 기도를 드렸다. 감사기도를 마치고 한 시간도 지나지 않아 이모님한테서 전화가 왔다. 오늘 아침 사슴에게 사료를 주고 우리에서 나오면서 깜박 잊고 문을 잠그지 않아서 사슴이 도망갔다고 말씀하셨다.

어찌하여 이런 일이? 하나님의 나라를 세워가는 선교를 위하여 욕심을 내는 것은 하나님이 기뻐하신 일이라 하나님께서 형통하게 인도하신다고 믿고 추진했는데 모든 것이 물거품이 되어버렸으니 허전한 마음을 억제할 수 없었다.

순간 말씀이 떠올랐다.

"내게 주신 은혜로 말미암아 너희 각 사람에게 말하노니 마땅히 생각

할 그 이상의 생각을 품지 말고 오직 하나님께서 각 사람에게 나누어

주신 믿음의 분량대로 지혜롭게 생각하라" - 롬 12:3

나는 태어날 때 선천성 심장판막증과 신경쇠약을 갖고 태어나 요람에서부터 나의 투병 생활이 시작되었고 자라는 과정에서 여러 가지 합병증으로 인해 성한 날이 없었다. 동병상련이라고 내가 아픔의 고통을 겪었기에 가난하고 병든 사람들을 돕는 것이 선하신 하나님의 뜻이라고 생각했고 하나님이 기뻐하신 일을 하고 싶었다. 그런데 오늘에서야 하나님께서 나를 향하신 하나님의 뜻과 나의 생각은 다르다는 것을 깨닫게 되었다.

"사람이 마음으로 자기의 길을 계획할지라도 그의 걸음을 인도하시

는 이는 여호와시니라" - 잠 16:9

09
인간은 나약한 존재

어느 봄날 회사에서 제품 선별을 하고 있는데 갑자기 경유 냄새가 코를 자극했다. 그런데 그 냄새가 얼마나 좋은지 일손을 멈추고 기름통 곁으로 다가갔다. 나는 나도 모르게 기름통에 코를 대고 마음껏 냄새를 흡입했다. 그날 이후 경유뿐만 아니라 석유, 휘발유, 폐유 냄새까지도 좋아졌다. 때로는 마시고 싶을 만큼의 유혹을 느끼기도 했다.

기름 냄새를 실컷 마시고 나면 하늘을 날 것처럼 기분이 황홀해졌다. 황홀한 기분에 취해 날이 갈수록 흡입하는 횟수가 늘어갔고 점점 깊이 빠져들었다. 기름 냄새를 조금만 맡아도 머리가 아프고 냄새가 싫어 구토를 하던 내가 왜 갑자기 이런 상황에 빠지게 되었는지 아무리 생각해도 모를 일이었다.

그러던 어느 날 TV 뉴스를 보다가 우리나라 대학생이 이태원에 있는 어느 레스토랑에서 상습적으로 마약을 투약해 오던

미군에게 피살을 당했다는 뉴스를 보았다. 그 순간 깨달았다.

바로 이거로구나! 국가를 파괴하고 사회를 혼란하게 하며 온 인류를 멸망시키려는 마약 병폐의 예방과 퇴치를 위한 기도, 바로 이것이 하나님의 뜻인데 지금까지 깨닫지 못했었구나!

"하나님은 모든 사람이 구원을 받으며 진리를 아는데 이르기를 원하 시느니라" - 딤전 2:4

그동안 크고 작은 여러 가지 제목을 가지고 많은 기도를 해 왔지만, 이렇게 크고 중요한 기도 제목을 깨닫지 못하고 기도 하지 못했음을 회개하고 기도하기 시작했다.

우리 믿는 자들이라면 마약으로 인하여 얼마나 많은 범죄가 발생하고 있다는 현실을 인식하고 기도해야 할 의무자인데도 멸망 받을 영혼들을 위하여 기도하지 못하고 도리어 의식구조 가 잘못된 구제불능자들이라고 비난하고 낙인을 찍었다. 그런 데 오늘 주님께서 나에게 인간은 아무리 강하고 지혜로운 자라 도 하나님이 함께하시지 않으면 죄의 수렁에 빠질 수밖에 없는 나약한 존재라는 진리를 깨닫게 하셨다. 그날 이후 새 기도의 제목을 주시고 나의 기도의 영역을 넓게 하신 하나님의 뜻에 순종하여 마약 병폐의 예방과 퇴치를 위해 쉬지 않고 기도하고 있다.

10

전도는 성령께서 하신다

1995년 분당에서 거주하던 여동생이 오산 주공아파트를 분양받아 입주하게 되었다. 오랫동안 동생 가족의 구원을 위해 기도해 왔기에 동생이 입주하자 곧바로 능력과 은혜가 충만한 교회로 소문난 ○○교회 사모님께 전화를 했다. 평소에 잘 알고 지내던 사이인지라 사모님이 반가워하시면서 무슨 일이냐고 물으셨다.

"제 여동생이 ○○아파트에 입주를 했어요. 목사님 모시고 심방을 오셨으면 합니다"라고 하자 전화를 받은 사모님은 "내일 목사님 모시고 심방을 가겠다"고 약속을 하셨다.

그리고 다음 날 목사님과 사모님 외에 몇 명의 심방 대원들이 함께 오셔서 예배를 드리고, 이번 주일부터 교회에 나가겠다는 동생의 다짐을 받고 돌아갔다. 주일 날 오후 동생에게 전화를 걸어 교회에 다녀왔느냐고 물었더니 가지 못했다고 했다.

대답하는 동생의 목소리에 힘이 없었다.

"왜? 무슨 일이 있니?"

"언니 말도 말아. 예배드리고 간 그날 밤 집안이 발칵 뒤집어졌어. ○○아빠가 예수 믿으려면 이혼하자고 미친 사람처럼 고래고래 소리를 지르며 소동을 벌이는 바람에 이웃 사람들 창피해서 혼났어. 그리고 일 년 넘도록 술, 담배를 끊었었는데 그날 밤부터 다시 술을 마시고 담배를 피우면서 나를 괴롭게 하더니 이혼하자고 하면서 엊저녁 시골로 내려갔어. 언니! 어떻게 하면 좋아."

한숨 짓는 동생의 말을 들으니 어떻게 위로를 해야 할지 난감했다. 전에도 핍박 때문에 몇 번 교회를 다니다 중단했던 적이 있었지만 이렇게까지 심한 줄은 몰랐다. 내가 할 수 있는 일이라고는 주님께 맡기고 간절히 기도하는 것뿐이었다.

일주일 후 "언니, 집에 좀 와 줘"라고 동생에게서 전화가 왔다. 동생은 조카가 많이 아프다며 울먹였다. 고등학교 1학년짜리 조카가 급성 결핵성 피부염으로 상태가 매우 위중했다. 병원에 가고 약을 써도 효과가 없고 음식을 먹으면 구토를 해서 심지어 물 한 모금도 마시기를 주저하고 있었다. 어찌할 바를 몰라 당황하는 동생에게 "예수 믿어야 아이도 살리고 집안 문제도 해결될 터이니 마음 굳게 먹고 교회에 나가라"고 권했다.

그러던 중 어느 개척교회에 침을 놓는 전도사님이 계시다는 소문을 듣고 동생이 조카를 데리고 가서 기도를 받고 침을 맞게 했다. 그리고 그 교회에 등록을 했다. 침은 하루에 한 번을 맞지만 기도회는 새벽, 오전, 저녁 하루에 세 번을 참석했다. 며칠 지나자 차도가 보이더니 열흘 후 조카의 건강이 많이 좋아졌다. 동생은 이제 애들 걱정은 한시름 덜었지만 남편 때문에 걱정이라며 한숨을 쉬었다.

"언니 OO이 아빠가 집으로 온다고 전화를 했어. 오지 말라고 할 수도 없고 집에 오면 교회는 못 다니게 될 텐데 어떻게 하면 좋아?"

나도 동생 말을 듣고 보니 은근히 걱정됐다.

그러나 동생에게 믿음과 용기를 주려고 노력했다.

"걱정하지 마. 하나님이 너의 형편과 처지를 다 알고 계신다. 나도 기도 많이 할 터이니 너도 기도 많이 해라. 그리고 목사님과 사모님께 집안 사정을 다 말씀드리고 기도를 부탁드려라. 그러면 목사님과 사모님도 기도하실 거야."

그리고 나서 성경 말씀을 전했다.

"진실로 다시 너희에게 이르노니 너희 중에 두 사람이 땅에서 합심하여 무엇이든지 구하면 하늘에 계신 내 아버지께서 저희를 위하여 이루게 하시리라 두세 사람이 내 이름으로 모인 곳에는 나도 그들 중에 있느니라"- 마 18:19-20

동생은 창피해서 목사님께 어떻게 말을 하냐고 주저했다.

나는 다시 동생을 설득했다.

"네가 아직 믿음 생활에 대하여 잘 몰라서 그러는데 성도들은 어려운 일이 있을 때 가장 먼저 목사님께 말씀드리고 기도를 부탁드리는 것이 순리란다. 목사님과 사모님은 세상 사람들과 달라. 성도들이 아픔을 당하면 위로해 주고 기쁠 때는 같이 웃고 성도들의 어떠한 흉허물도 다 감싸주시고 어려운 일이 있을 때는 기도해주시는 분이 목사님과 사모님이야. 그러니 조금도 창피하게 생각하지 말고 목사님께 낱낱이 다 말씀드려라. 그래야만 모든 일이 해결될 것 같구나"라고 간곡히 당부하고 집으로 돌아왔다.

그날 밤 기도회에 참석한 동생이 목사님께 집안 사정을 말씀을 드리게 되었는데 알고 보니 목사님이 바로 제부의 집안 형님이셨다.

"사람이 감당할 시험 밖에는 너희가 당한 것이 없나니 오직 하나님은 미쁘사 너희가 감당하지 못할 시험 당함을 허락하지 아니하시고 시험 당할 즈음에 또한 피할 길을 내사 너희로 능히 감당하게 하시느니라"- 고전 10:13

시골에서 올라온 제부는 다음날로 목사 형님을 찾아뵈었고 그 후부터는 핍박이 사라지고 교회 건물을 수리하는데 20일이 넘도록 자원봉사하고 때로는 교회 차량 봉사도 하게 되었다.

동생은 조카 때문에 열심을 내어 신앙생활을 하게 되었고 조카의 건강은 물론 동생의 심한 두통도 사라졌다고 하면서 "언니, 참 신기한 일도 다 있네" 하며 간증을 했다. 이렇게 동생이 구원을 얻었고 동생을 통하여 전도란 인간의 지혜와 노력으로 되는 것이 아니라 성령께서 하시되 한 생명을 구원하시려면 하나님의 섭리 안에서 모든 것을 세밀하게 준비하시고 하나님이 정하신 때에 성령의 능력으로, 역사하심으로 이루어진다는 진리를 깨달았다.

그리고 능력이 충만한 교회로 소문난 교회와 목사님에게만 하나님이 함께하시는 것이 아니라 인간이 보기에는 약하고 초라한 천막 교회라도 주님의 이름으로 세우신 교회는 하나님이 계시고 능력 받지 못한 목자라도, 성도들에게 인기가 없는 목자라도 주님이 기름 부어 세우신 하나님의 존귀한 자이기에 하나님이 함께하신다는 진리를 깨달았다.

11

은혜 안에서 이룬 만학의 꿈

사업이 자리를 잡게 되어 야간 대학에 진학했다.

오십을 바라보는 나이에 주경야독이라 바쁘고 힘들었지만 새벽기도와 성경 읽는 일은 내 생활의 1순위이며 내 인생의 목적이었다. 하루 서너 시간의 수면과 과다한 업무로 항상 시간에 쫓기는 생활이었지만 수업 시간만큼은 피로와 졸음도 물러가고 배운다는 그 자체가 즐거움이요 하루하루가 기쁘고 보람찬 날들이었다.

내가 매일 기쁘게 순례의 길 행함은 주의 팔이 나를 안보함이요
내가 주의 큰 복을 받는 참된 비결은 주의 영이 함께함이라
성령이 계시네 할렐루야 함께 하시네
좁은 길을 걸으며 밤낮 기뻐하는 것 주의 영이 함께함이라

나와 동행하시고 모든 염려 아시니 나는 숲의 새와 같이 기쁘다

내가 기쁜 맘으로 주의 뜻을 행함은 주의 영이 함께함이라

성령이 계시네 할렐루야 함께 하시네

좁은 길을 걸으면 밤낮 기뻐하는 것 주의 영이 함께함이라

배운다는 즐거움 속에서 세월 가는 줄 모르고 지냈다. 그러던 중 갑작스러운 IMF의 한파로 사업이 어려움을 겪게 되었다. 단가는 고정적인데 원자잿값은 폭등했으니 현상 유지도 힘들었다.

끈질긴 협상 끝에 4개월 만에 단가 인상을 20% 해주고 고압적인 횡포를 부리기 시작했다. 단가는 마음대로 하락시키고 실력도 없는 신규업체를 선정하여 발주를 주면서 제품값을 터무니없이 하락시키고 있으니 이것이 바로 부실 제품을 만들 수밖에 없는 원인이 되었다.

모든 주물제품은 오랜 세월 배우고 습득한 기능공에 의하여 제조되고 있다. 그중에서도 한전의 변압기와 원자력 발전소 부품은 고도의 기능을 필요로 하는 까다로운 제품이다.

온도와 수분과 비율에 맞는 재질 합금에 뛰어난 기능이 조화를 이룰 때 비로소 우수한 제품이 생산된다. 용도에 맞지 않는 재질로 제품을 생산하게 되면 휘거나 부러지거나 폭발할 위험이 있다. 이렇게 중요한 제품인데도 담당자들도 전문지식을 갖춘 사람이 없었다.

주물제품의 용도는 매우 다양하고 중요하다. 한전의 변압기로부터 지하철, 중공업, 자동차부품, 의료기기, 농기구, 전자제품, 육절기, 반도체 외에도 우리들의 모든 생활 속에서 사용되는 중요한 제품들이다. 그럼에도 주물 기능의 중요성을 아는 사람은 소수에 지나지 않는다. 우리가 이런 기능을 가지고도 불이익을 당하고 있는 것은 대기업들의 횡포 때문이다.

온 천하보다 귀한 영혼

어느 날 시동생 사망 소식을 듣고 종업원들에게 작업지시를 해놓고 장례식에 다녀왔다. 그런데 이게 어찌된 일인가? 생산한 모든 제품이 다 불량이었다.

두 번 세 번 반복해도 여전히 불량품만 나왔다. 불량의 원인을 밝히기 위해 몇 번이나 분석을 해도 원인을 알 수가 없었다.

철야 기도를 하기도 하고 매일 새벽 2-3시면 교회에 나가 몇 시간씩 기도를 드려도 응답이 없으니 답답해서 견딜 수가 없었다. 날이 갈수록 발주가 줄어들더니 거의 다 끊어지고 말았다.

새 거래처(D 엔지니어링)를 개척하여 거래 협약을 체결했다.

제품 하나의 중량이 500kg이나 되는 대형 환풍기로 월 5,000만 원의 매출을 올릴 수 있는 큰 거래처였다. 모든 작업준비가 완료되어 가는데 갑자기 발주가 취소되었다. 다시 새 거래처(D 엘리베이터)와 협약을 체결하고 엘리베이터의 부품을 납품하기로 협약을 체결했다. 그러나 이번에도 취소되고 말았다.

날이 갈수록 불안하고 초조하여 견딜 수 없이 괴로웠다. 괴로움의 고통을 벗어나기 위해서라도 발로 뛰지 않을 수 없었다. 3개월 전부터 개척하기 위해 수차례 방문했던 k 후지 공업을 다시 방문했다. 다행히 그동안의 수고가 헛되지 않아 거래협약을 체결하고 월 10톤의 제품을 납품하기로 결정하고 발주를 받아 2톤의 원자재를 구입하여 제품을 생산하여 납품했다.

그런데 K회사에서 제품을 인수하여 가공을 해보니 자재 불량이라 불합격 처리되었으니 가공비까지 변상해야 한다고 했다. 알루미늄은 재질 합금에 따라 몇십 가지 종류로 분류되어 있다. 그러므로 제품의 용도에 따라 재질이 다르다.

육절기(정육점절단기)는 우리 식생활에 직접적인 관련이 있는 제품이라 알루미늄 부식을 방지하는 7A라는 재질로 제조된다. 그런데 성분검사 결과 재질 불량이라는 것이었다.

고난은 사업에만 온 것이 아니었다. 남편은 사흘이 멀게 폐업신고를 하라고 혈기를 부리고 핍박은 날이 갈수록 더해만 가고 그 괴로움은 말로 표현할 수 없었다. 갈수록 태산이라고 일마다 얽히니 하나님의 진노라는 깨달음이 왔다.

"그들이 어디로 가든지 여호와의 손이 그들에게 재앙을 내리시니 곧 여호와께서 말씀하신 것과 같고 여호와께서 그들에게 맹세하신 것과 같아서 그들의 괴로움이 심하였더라" - 삿 2:15

13
회개의 기도를 받으신 하나님

"너는 내게 부르짖으라 내가 네게 응답하겠고 네가 알지 못하는 크고
비밀한 일을 네게 보이리라"- 렘 33:3

기록된 이 하나님의 말씀을 믿고 의지하여 간절한 마음으로
하나님께 기도를 드렸다.

'항상 나와 함께하셨던 하나님 지금도 나와 함께하심을 확신
하오니 이 고난을 인하여 내게 향하신 하나님의 뜻을 깨달아
회개하게 하옵소서!'

새벽마다 통회하는 마음으로 부르짖었다. 그때 하나님의 말
씀이 떠올랐다.

"여호와의 손이 짧아 구원치 못하심도 아니요 귀가 둔하여 듣지 못하
심도 아니라 오직 너희 죄악이 너희와 너희 하나님 사이를 갈라놓았
고 너희 죄가 그의 얼굴을 가리어서 너희에게서 듣지 않으시게 함이
니라"- 사 59:1-2

하나님의 말씀을 깨닫는 순간 지난해 어느 날 밤 꿈을 꾸었던 것이 영화의 한 장면처럼 눈앞을 스쳐 지나갔다.

시동생 장례를 마치고 3개월쯤 지났을 때 제품 불량으로 인하여 고민하다 잠이 들었다. 갑자기 장맛비가 억수로 쏟아지면서 천지를 진동하는 뇌성벽력이 고압 전신주에 떨어졌다. 변압기들이 뒤집히면서 흙탕물이 강을 이루고 수도관이 파열되면서 수돗물이 끓어졌다. 어찌 된 일인지 영문을 몰라 궁금해하고 있을 때 죽은 시동생이 나를 쳐다보면서 자기는 그 이유를 알고 있다고 말했던 장면이 선명하게 떠올랐다.

나는 그때야 암으로 죽은 시동생을 전도하지 못한 죄로 인하여 하나님께서 징계하심을 깨닫고 하나님 앞에 회개하기 시작했다.

암 선고를 받고 1년 동안이나 고통 속에서 시달리며 죽어가는 그 영혼을 위해 입으로는 기도하고 전도했다. 그러나 거리(광주)가 너무 멀다는 이유와 바쁘다는 핑계로 적극적인 사랑과 정성을 다하지 못해 그 영혼을 주님께 인도하지 못했으니 얼마나 가슴을 치며 통탄할 일인가?

그 무서운 죄를 범하고도 내 자신이 범죄 했음을 깨닫지 못하고 나의 몸과 영혼까지 주를 위해 바친다는 찬송을 부르고 있으니 얼마나 가증스러운 입술인가? "죄인 하나가 회개하고 돌아오면 하늘에서는 의인 아흔 아홉으로 인하여 기뻐하는 것보다 더하리라"고 주님께서 말씀하셨는데 내 일생을 주님 기뻐하시는 일을 위해 헌신하는 삶을 살겠다고 다짐하며 기도했던 내가 지금까지 배우며 준비해 왔던 모든 것들이 과연 누구를 위해 갖춘 것이었는가?

가슴을 치며 눈물로 회개했다.

"너희는 옷을 찢지 말고 마음을 찢고 너희 하나님 여호와께로 돌아올 지어다. 그는 은혜로우시며 자비로우시며 노하기를 더디 하시며 인애 가 크시사 뜻을 돌이켜 재앙을 내리지 아니하시나니 주께서 혹시 마음 과 뜻을 돌이키시고 그 뒤에 복을 내리사 너희 하나님 여호와께 소제 와 전제를 드리게 하지 아니하실지 누가 알겠느냐"- 욜 2:13-14

일생을 주님을 위해 헌신하는 삶을 살기로 결심하고 폭넓은 지식과 재능을 갖추려고 바쁘게 살았지만 그 지식 가지고도 전 도하지 못했으니 헛수고요 하나님 주신 재물로도 전도하지 못 했으니 영혼 사랑하는 마음이 없었던 강퍅한 자였음을 시인하 고 자백했다.

"만일 우리가 우리 죄를 자백하면 그는 미쁘시고 의로우사 우리 죄를 사하시며 우리를 모든 불의에서 깨끗하게 하실 것이요"- 요일 1:9

새벽마다 부르짖어 회개하는 기도를 들으신 주님께서 나의 죄를 사하시고 제품 불량의 원인을 알게 하셔서 불량제품을 막 을 수 있었고 사업도 회복되기 시작했다.

고난 당함이 유익이라

"고난 당한 것이 내게 유익이라 이로 말미암아 내가 주의 율례들을 배우게 되었나이다"- 시 119:71

이렇게 신앙을 고백했던 다윗처럼 고난으로 인하여 더 깊고 오묘한 진리를 배우고 더 크고 위대하신 하나님의 비밀을 알게 하셨다. 부족한 나를 도구로 사용하시기 위하여 나의 지경을 넓히시고 입을 크게 열어 기도할 제목을 주셨다.

"너희 안에서 행하시는 이는 하나님이시니 자기의 기쁘신 뜻을 위하여 너희로 소원을 두고 행하게 하시나니"- 빌 2:13

기도할 때마다 더욱더 주님의 은혜를 사모하게 하시고 말씀으로 힘과 용기를 주셨다.

날마다 새롭게 급변하는 시대에 맞는 기계화를 병행하는 사업장으로 확장시켜 하나님께서 내리신 복을 주님의 사업을 위하여 아낌없이 투자하되 가난하고 병들고 소외당한 영혼들 구원을 위한 의료선교와 무료급식 사역을 위해 기도했다.

육신의 질병을 치료하는 것도 중요하지만 더 중요한 것은 의학으로 고칠 수 없는 하나님만이 치유할 수 있는 불치병 치유를 체험한 나는 어려서 의사가 되어 가난하고 불쌍한 사람들을 도우며 살겠다고 다짐했던 마음도 내 생각과 내 뜻이 아니라 하나님이 나를 사용하시기 위해 우환질고 속에서 태어나게 하시고 어린 시절부터 외할머니, 이모, 어머니, 남동생까지 중풍으로 인해 고통받는 것을 보게 하시고 아버지와 오빠와 남동생들과 내 자신까지 질병으로 고통받는 것을 보고 체감하며 자란 과정이 우연이 아니라고 생각한다.

나는 지금도 어린 시절 아버지가 오빠를 도랑물 속에 집어넣고 돌로 몸통을 문지르며 눈물 흘리시고 오빠는 아프다고 울고 나와 어머니도 함께 울었던 그때를 생각하면 가슴이 아프고 눈물이 난다. 또 중풍으로 쓰러져 의식 불명 속에서 죽어가는 어머니를 끌어 안고 하나님께 탄식의 기도를 드렸던 절박했던 그때의 상황이 지금도 기억 속에 생생하게 떠오른다.

세상에서 가장 약하고 부족한 나를 택하시고 내 마음속에 소원을 두시고 사모하며 부르짖어 기도하게 하신 하나님이 반드시 이루어 주실 것을 확신하며 날마다 쉬지 않고 기도한다.

"사람이 마음으로 자기의 길을 계획할지라도 그 걸음을 인도하는 이
는 여호와시니라" – 잠 16:9

위험을 이기는 기도의 능력

큰아이가 대학교 3학년 여름 방학 때 친구와 3박 4일 여행을 다녀온다며 월요일에 떠났다. 수요일 밤잠을 자다가 갑자기 다급한 기도가 터져 나왔다. 눈을 떠보니 새벽 1시, 지체하지 않고 교회에 나가 기도를 했다. 목요일 돌아온다던 아이가 돌아오지 않아 애를 태우고 있는데 토요일 저녁에야 돌아오면서 렌터카를 몰고 왔다.

목요일 돌아오는 길에 고속도로에서 교통사고가 났는데 뒤에서 오던 차가 과속으로 달려오다 큰아이 차를 들이받아 두 바퀴를 굴러서 차가 폐차 지경에 이르게 되었다고 했다. 그런 상황 속에서도 불행 중 다행으로 우리 아이는 멀쩡하고 그의 친구는 약간의 경상을 입었다고 했다. 다가올 위험을 미리 아시고 기도하게 하시고 내 기도를 들어주셔서 사망에서 아들을 살려주신 은혜가 너무나 감사해 하나님께 감사의 기도를 드렸다.

"아버지 감사합니다. 나 같은 죄인이 무엇이기에 이토록 사랑하사 나를 죄에서 구원하시고 거룩하신 하나님의 자녀 삼아 주셔서 나와 내 가족이 하나님의 보호하심과 인도하심의 은총을 받게 하시는지 감당할 수 없나이다. 아버지여! 내 일생 성령의 인도하심 따라 무시로 깨어 기도하게 하시되 주님을 닮는 삶 속에서 주님의 마음을 가지고 주님처럼 기도하는 기도의 사람이 되게 하소서! 주님 주신 사명 감당하고 부르시는 그날까지 항상 기뻐하며 쉬지 말고 기도하며 범사에 감사하는 삶을 살게 하시고 하늘 창고에 쌓을 곳이 없도록 심으며 많은 사람을 부요하게 하는 축복의 통로로 사용해 주소서!"

"내 이름으로 무엇이든지 내게 구하면 내가 행하리라"- 요 14:14

16

약한 것을 복으로 바꾸는 섭리

　나는 지금도 글씨를 잘 쓰는 사람들을 보면 부럽고 그들 앞에서 내 자신이 작아지는 콤플렉스가 있다. 어려서부터 글씨를 잘 써보려고 서예도 배우고 펜글씨도 배우고 많이 노력했지만 악필은 면하지 못했다. 나는 비로소 사람이 아무리 애쓰고 노력해도 인간이 할 수 있는 능력은 한계가 있음을 깨닫고 남보다 먼저 컴퓨터를 배우게 되었다.

　컴퓨터를 배우면서 막연하게 느꼈던 하나님의 천지창조의 능력과 섭리를 실감하는 신비를 체험하게 되었다. 하나님의 피조물인 인간이 만든 이 조그만 기계 속에서 마우스를 움직일 때마다 우리의 상상을 초월한 신비의 세계가 펼쳐지고 있음을 보고 하나님의 높고 위대하심과 하나님 나라의 신비는 인간의 생각과 상상으로서는 측량할 수 없는 광대한 미지의 세계라는 것을 깨닫게 되었고 주님 안에서 더 큰 비전을 갖고 기도하기 시작했다.

나를 지으신 하나님이 남에게 지기 싫어하고 당당하고 자신만만한 나의 교만을 낮추시고 온전한 믿음의 사람으로 세우시기 위하여 약한 부분을 주시고 약한 것을 통하여 시대를 앞서가는 선견지명의 복을 주시고 준비하게 하셨다.

하나님은 우리에게 가장 좋은 것으로 주시기를 원하신다. 우리는 한 치 앞도 볼 수 없지만 창조주 하나님은 모든 피조물을 하나님의 섭리 안에서 계획하신 대로 창조하시고 주관하시는 전능자이시기에 모든 것을 다 알고 계셔서 하나님의 때에 하나님의 방법으로 가장 좋은 것으로 주시기 위해 미리 준비하게 하시고 사람으로서는 할 수 없는 하나님의 방법으로 일하신다.

다가오는 미디어 시대를 위하여 미리 준비하게 하시고 시대적 문화 혜택을 누리며 시대적인 모든 복을 주시기 위해 하나님의 방법으로 사업을 허락하셨다. 컴퓨터를 할 수 있었기에 액셀프로그램을 이용하여 편리하고 신속한 업무처리를 할 수 있었고 전자시스템으로 전자결재까지 갖춘 기업들과의 거래에서도 어려움 없이 감당할 수 있었다. 컴퓨터를 할 수 있었기에 많은 정보를 공유할 수 있었고 인터넷 정보를 이용하여 조달청에서 원자재도 직구매하여 원자잿값을 많이 절감할 수 있었다.

인간들은 자신의 약점은 감추고 장점을 자랑하기를 좋아한다. 그러나 주님 안에서는 사람의 장점은 독이 된다. 나는 어려서부터 총명한 아이라고 어른들과 선생님들에게 사랑을 받았다. 그러나 그 사랑은 또래나 친구들의 시기와 질투의 대상이 되었고 언제나 내 주장을 앞세우고 남을 무시하는 독이 되었다.

이렇게 모나고 못된 나의 기고만장함을 납작하게 하는 무기는 약한 필체였다. 이 콤플렉스 때문에 가끔 하나님은 왜 나에게 글씨를 잘 쓰는 재능을 주시지 않으셨을까? 푸념을 하기도 했다.

그러나 좋으신 하나님은 나의 약한 것을 통하여 다가오는 새 시대를 준비하게 하셨다. 나의 삶 속에서 섬세하고 세밀하게 주도하시는 하나님의 은혜가 아니면 어찌 내가 이런 복을 누릴 수 있을까? 입이 있어도 다 감사드릴 수 없는 축복을 주신 하나님께 감사와 존귀와 영광과 찬양을 올려드린다.

> 예수를 나의 구주 삼고 성령과 피로써 거듭나니
> 이 세상에서 내 영혼이 하늘의 영광 누리도다.
> 이것이 나의 간증이요 이것이 나의 찬송일세

나 사는 동안 끊임없이 구주를 찬송하리로다.

온전히 주께 맡긴 내 영 사랑의 음성을 듣는 중에
천사들 왕래하는 것과 하늘의 영광 보리로다
이것이 나의 간증이요 이것이 나의 찬송일세
나 사는 동안 끊임없이 구주를 찬송하리로다

주안에 기쁨 누리므로 마음의 풍랑이 잔잔하니
세상과 나는 간곳없고 구속한 주만 보이도다
이것이 나의 간증이요 이것이 나의 찬송일세
나 사는 동안 끊임없이 구주를 찬송하리로다

17

주님이 예비하신 동반자

2001년 마흔세 살의 막내 남동생이 결혼식을 올렸다.

친구들은 다 결혼하여 가정을 이루고 학부모가 되었지만 혼자 외톨이가 되어 살고 있는 동생을 볼 때마다 마음이 아팠다. 내가 할 수 있는 것은 오직 주님 앞에 기도하는 것뿐이었다.

"주여! 내 동생을 불쌍히 여겨주옵소서. 하나님이 도와주시지 않으면 도와줄 사람이 없습니다. 가난하고 배운 것도 없고 키도 작고 체격도 왜소합니다. 내세울 만한 직업도 없습니다. 그러나 그가 진실하고 성실한 자라는 걸 하나님은 아십니다. 온 천하 만민들에게 하나님이 축복하셨음을 간증하여 하나님께 영광 올려 드리기를 원합니다.

아버지! 내 동생을 불쌍히 여기시고 긍휼히 여기셔서 두 마음이 합하여 주님을 잘 섬기며 서로 믿고 의지하고 자기 몸처럼 아끼고 사랑하며 돕는 배필이 되어 생육하고 번성하여 아름다운 믿음의 명문 가문을 이어갈 수 있는 만남의 축복을 허락해 주옵소서!"

날마다 아침이면 금식하며 눈물로 기도했다.

그러던 어느 날 이웃 교회 O 목사님께 "제 남동생 중매 좀 해주세요"라는 부탁을 드렸다. 나의 이야기를 들던 O 목사님이 친구 목사님에게 서울 모 교회에서 반주하는 믿음 좋은 처제가 있는데 결혼을 안 하고 있어 집안에서 걱정을 많이 하고 있다는 말씀을 하셨다. 그 말을 듣고 나는 적극적으로 추진해주시길 O 목사님께 부탁드렸다. 며칠 후 O 목사님이 친구 목사님을 모시고 우리 회사를 방문하셨다.

친구 목사님이 내 동생을 보시고 첫마디에 우리 처제는 눈이 높아서 지금까지 결혼을 안 하고 있는데 안 될 것 같다고 말씀하셨다. 그러나 나는 그냥 포기할 수 없었다. 그래서 목사님께 다시 한 번 부탁을 드렸다. 우리가 판단하고 결정하지 말고 하나님께 맡기고 두 사람이 만나도록 주선을 해주자고 했다. 그리하여 두 사람이 만나게 되었고 하나님의 강권적인 역사 속에서 맞선을 보고 4개월 후 결혼식을 올리게 되었다.

결혼할 아무런 준비도 할 수 없는 불쌍한 내 동생을 위하여 아침 금식하며 마음을 쏟아 눈물로 기도하는 13년의 세월 동안 하나님은 내 기도를 들으시고 "너희 말이 내 귀에 들린 대로 내가 너희에게 행하리니"(민 14:28)라는 성경에 기록된 말씀대로 내 기도하는 대로 다 이루어 주시고 구하지 못한 것까지도 허락하셔서 신혼집까지 해결해 주셨다. 신혼살림을 시작하고 3개월 후 임신하여 아들을 얻게 되었다. 늦은 나이에 가정을 이루고 자식을 낳아 행복을 누리며 살고 있는 동생을 볼 때마다 하나님의 크신 사랑과 은혜를 자랑하지 않을 수 없다.

"자랑하는 자는 주 안에서 자랑할 지니라"- 고후 10:17

우리는 하나님을 믿는다고 하면서도 온전히 하나님을 신뢰하지 못하고 환경에 지배를 받고 자신의 감정에 사로잡혀 하나님을 온전히 붙잡지 못하고 살 때가 많다. 응답이 더디다고 낙심하고 포기하기 쉽다. 그러나 기도는 인내가 필요하다. 주실 것을 믿고 하나님이 응답하실 때까지 쉬지 않고 기도해야 한다.

구하기 전에 우리에게 있어야 할 것을 아시는 하나님께서 하나님의 때에 구하는 것보다 훨씬 더 좋은 것으로 우리의 필요를 채워 주신다.

"내가 너희에게 말하노니 무엇이든지 기도하고 구하는 것은 받은 줄로 믿으라 그리하면 너희에게 그대로 되리라"- 막 11:24

18

작은 자를 귀하게 여기시는 하나님

2002년 여름 갑자기 오빠의 사망 소식을 듣고 친정으로 달려 갔다.

그토록 오랫동안 그 영혼 구원을 위해 날마다 아침 금식하 며 기도해 왔는데 이렇게 허무하게 이별을 하게 될 줄은 생각 도 못 했다. 억장이 무너지는 심정을 하나님 앞에 쏟아 부르짖 었다.

"한 생명을 천하보다 귀하게 여기시는 하나님, 이 영혼 구원 을 위해 밤낮없이 기도했던 나의 눈물의 기도를 왜 외면하셨습 니까? 항상 나와 함께 하셔서 내 모든 기도를 들으시고 응답하 신 하나님이 왜 작은 자의 영혼을 버리셨습니까? 가난하고 병 들고 소외당한 영혼들을 치유하고 위로하고 구원하시기 위해 주님이 오셨다고 말씀하셨는데 저 불쌍한 영혼을 외면하신 하 나님의 사랑을 믿을 수가 없어요."

아무리 통곡을 해도 57세 젊은 나이에 모진 고통과 아픔의 세월을 살다 구원받지 못하고 떠나간 오빠를 생각하면 슬픔을 억제할 수 없었다.

그날 밤 생각지 못했던 일이 일어났다. 넷째 남동생이 목사님과 교회 분들을 모시고 왔다. 그 순간 내 몸에서 힘이 솟았다.

임종 예배를 마치고 어떻게 된 일이냐고 물어보니 여전도사님이 노방전도 나가셨다가 시외버스 터미널에서 막내 남동생 결혼식에 갔다 오는 오빠를 만나 전도하게 되었고 그때부터 오빠는 교회에 출석하기 시작하여 그해 4월에 세례를 받았다고 했다.

오빠는 유명브랜드 악기제조 회사에서 근무하다 IMF 이후 명퇴를 하고 얼마 후 아내가 가출하여 혼자서 남매를 키우며 힘들고 외로운 삶을 술에 의지하며 살았다. 그래서 나는 오빠를 찾아갈 때마다 복음을 전했다. 그때마다 오빠는 교회를 찾아갔지만 살아갈 소망을 잃고 자포자기하며 살아가는 때 묻고 찌들고 상처받은 영혼이 위로받고자 교회를 찾아가도 초라한 그 모습을 본 교인들은 오빠를 외면하는 것 같아서 교회에 가기 싫다고 했다. 그래서 오빠는 더욱더 외로움과 슬픔 속에서 자신을 비관했다. 그렇지만 오빠는 인천에 살고 나는 화성에 살기에 거리가 멀고 생활이 바빠서 자주 찾아갈 수 없어 하나님께 기도할 수밖에 없었다.

"주여! 우리 오빠를 불쌍히 여기사 주님의 마음 품은 전도자를 만나게 하시고 주님의 사랑 충만한 교회로 인도하셔서 그 영혼이 치유받고 위로받고 온전한 구원을 이루게 하여 주소서."

간절하게 기도했던 나의 기도를 들으시고 하나님께서 주님의 마음을 품은 전도사님을 보내시어 주일 날마다 아침 일찍 집에 찾아가 술에 녹초가 되어 잠든 오빠를 깨워 예배에 참석하도록 희생적인 헌신으로 지극히 작은 자를 섬기고 담임목사님과 많은 교인들이 주님의 사랑 안에서 말씀으로 양육하고 교육하여 세례까지 받게 되었다고 한다.
오빠는 늘 이 찬송을 불렀다고 했다.

나 주의 도움 받고자 주 예수님께 빕니다
그 구원 허락 하시사 날 받아 주소서
내 모습 이대로 주 받아 주소서
날 위해 돌아가신 주 날 받아 주소서

큰 죄에 빠져 영 죽을 날 위해 피 흘렸으니
주 형상대로 빚으사 날 받아 주소서
내 모습 이대로 주 받아 주소서
날 위해 돌아가신 주 날 받아 주소서

내 힘과 결심 약하여 늘 깨어지기 쉬우니

주 이름으로 구원해 날 받아 주소서

내 모습 이대로 주 받아 주소서

날 위해 돌아가신 주 날 받아 주소서

내 주님 서신 발 앞에 나 꿇어 엎드렸으니

그 크신 역사 이루게 날 받아 주소서

내 모습 이대로 주 받아 주소서

날 위해 돌아가신 주 날 받아 주소서

성경에 기록된 말씀을 믿고 기도했기에 반드시 하나님이 이루어 주실 것을 확신하고 있었는데 그동안 오빠가 교회에 나가면서도 나에게 말을 하지 않았던 것은 구원받은 은혜가 얼마나 큰 축복인가를 알지 못해서 말하지 않았을 것이다. 그래서 세례를 교회에서 행하는 종교적 행사라고 대수롭지 않게 넘겼을 것이다. 동생에게 세례받았다는 말을 하면 이렇게 기뻐하고 좋아할 줄 알았더라면 오빠는 나에게 말을 했을 것이고 나의 기뻐하는 모습을 보면서 오빠도 좋아하셨을 것을 생각하면 너무나 안타깝고 마음이 아프지만 시간과 공간을 초월하셔서 일하신 하나님께서 내 기도를 들으시고 일점일획도 감하지 아니하시고 "너희 말이 내 귀에 들린 대로 내가 너희에게 행하리니"(민 14:28)라고 말씀하신 대로 다 이루어 주신 신실하신 하나님께 감사와 영광을 올려드렸다.

우리는 전도할 때 내가 한다고 착각할 때가 있다.

그러나 전도는 내가 하는 것이 아니라 성령께서 하신다는 사실을 분명히 알아야 한다. 오빠는 인천에 살고 나는 화성에 살았지만 시간과 공간을 초월하신 하나님의 능력을 믿고 말씀을 의지하여 믿고 구한 기도를 하나님은 응답하셨다.

우리가 전도 나가서 쉽게 복음을 받아들이는 사람을 만나게 되면 나의 능력으로 전도했다고 착각을 하게 된다. 그러나 그것은 내가 전도하는 것이 아니라 그 영혼을 위해 눈물로 기도하는 사람이 있었기에 하나님이 들으시고 하나님의 때에 하나님이 구원의 열매를 거두고 계신다는 사실을 깨닫고 교만하지 말아야 한다.

우리의 삶 어느 곳이든지 하나님의 손길이 미치지 않는 곳이 없이 세밀하게 우리를 보호하고 인도하시지만 우리는 늘 망각하고 하나님의 은혜를 은혜로 알지 못하고 하나님의 사랑을 나누지 못하고 살 때가 많다.

예수님이 오신 것은 가난하고 병들고 소외당한 자들을 치유하고 위로하고 구원하시기 위해 오셨다. 그러나 오늘날 많은 교회가 있지만 주님의 사랑을 나누는 교회가 많지 않다. 헌신적인 주님의 사랑으로 오빠를 믿음으로 양육하여 그 영혼을 하나님께 올려드린 그 교회 담임목사님과 성도들과 특히 오빠를 전도하신 전도사님에게 하나님께서 큰 상급을 주실 것이라고 믿는다.

또한 나와 내 동생들도 그분들의 사랑을 잊지 않고 기억할 것이다.

"눈물을 흘리며 씨를 뿌리는 자는 기쁨으로 거두리로다 울며 씨를 뿌리러 나가는 자는 반드시 기쁨으로 그 곡식 단을 가지고 돌아오리로다"– 시 126:5-6

4부

내 모든 소망을
이뤄주신 주님!

01

귀인들을 의지하지 말라

2003년 8월 16일 사망의 권세가 나를 덮쳤다.

납품을 하려고 제품을 화물차에 상차하던 지게차가 후진하면서 나를 들이받아 화물차와 지게차 사이에 끼고 말았다. 가슴을 짓누르는 압박감에 심장은 터질 것만 같고 숨조차 쉴 수가 없었다. 정신을 잃고 쓰러진 나는 응급실에 실려가 골반뼈 두 군데가 골절되었다는 진단을 받았다.

골반은 깁스를 할 수 없어 자체 내에서 자생하는 진액으로 뼈가 붙어야 하기에 3개월 동안 몸을 움직이지 않고 치료를 받아야 한다고 했다. 몸을 조금이라도 움직이면 뼈가 정상적으로 붙지 못해 회복이 불가능하다고 했다. 진단 결과를 받고 보니 하나님이 나를 구해 주셨음을 깨달았다. 하나님이 보호하지 않으셨더라면 심장이 터져 현장에서 사망했을 것이다.

하나님의 말씀이 떠올랐다.

"내가 확신하노니 사망이나 생명이나 천사들이나 권세 자들이나 현재 일이나 장래 일이나 능력이나 높음이나 깊음이나 다른 어떤 피조물이라도 우리를 우리 주 그리스도 예수 안에 있는 하나님의 사랑에서 끊을 수 없으리라"- 롬 8:38-39

사망에서 구해 주신 하나님의 은혜가 너무 감사하여 기도를 드렸다.

"아버지! 감사합니다. 녹슬고 깨지고 부서진 무쇠 조각만도 못한 나를 살리셨으니 성령의 용광로에 넣어 모든 불순물을 제거하시고 하나님의 뜻에 맞는 새로운 도구로 만드시고 아버지의 뜻대로 사용하여 주소서!"

삼복더위에 병원에 누워 생리적 현상조차 스스로 해결할 수 없는 불편함과 멈추지 않는 통증 때문에 너무나 힘들고 고통스러웠다. 3일이 되어도 통증은 차도가 없었다. 아들에게 성경을 가져오라고 하여 읽기 시작했다. 한참 성경을 읽어 가는데 말씀이 나의 눈과 마음을 붙잡았다.

"살아 계신 하나님의 손에 빠져들어 가는 것이 무서울진저 전날에 너희가 빛을 받은 후에 고난의 큰 싸움을 견디어 낸 것을 생각하라 혹은 비방과 환난으로써 사람에게 구경거리가 되고 혹은 이런 형편에 있는 자들과 사귀는 자가 되었으니 너희가 갇힌 자를 동정하고 너희 소유를 빼앗기는 것도 기쁘게 당한 것은 더 낫고 영구한 소유가 있는 줄

앎이라 그러므로 너희 담대함을 버리지 말라 이것이 큰 상을 얻게 하
느니라 너희에게 인내가 필요함은 너희가 하나님의 뜻을 행한 후에
약속하신 것을 받기 위함이라 잠시 잠깐 후면 오실 이가 오시리니 지
체하지 아니하시리라 나의 의인은 믿음으로 말미암아 살리라 또한
뒤로 물러가면 내 마음이 그를 기뻐하지 아니하리라 하셨느니라 우
리는 뒤로 물러가 멸망할 자가 아니요 오직 영혼을 구원함에 이르는
믿음을 가진 자니라"- 히 10:31-39

말씀을 읽는 순간 통증이 사라졌다. 그리고 욕심을 채워주신
것은 기도의 응답이 아니라 재앙이라는 것을 깨달았다. 살아
계신 하나님의 손에 빠져들어 가는 것이 무서울진저 이 말씀을
읽는 순간 너무나 무섭고 떨렸다. 내가 당하고 있는 말로 설명
할 수 없는 이 상황들을 말씀으로 깨우쳐 주셨다.

"사람이 흑암과 사망의 그늘에 앉으며 곤고와 쇠사슬에 매임은 하나
님의 말씀을 거역하며 지존 자의 뜻을 멸시함이라"- 시 107:10-11

"이에 그들이 그들의 고통 때문에 여호와께 부르짖으매 그가 그들의
고통에서 그들을 구하시되 그가 말씀을 보내어 그들을 고치시고 위
험한 지경에서 건지시는도다"- 시 107:19-20

죄를 지으면서도 죄라는 인식도 못 하는 미련하고 우둔한 인
생. 날마다 아침 금식하며 몇 시간씩 기도하고 성경 읽으며 주

님 뜻대로 산다고 하면서도 하나님의 말씀에 불순종하는 죄를
범하고 말았다.

"귀인들을 의지하지 말며 도울 힘이 없는 인생도 의지하지 말지니" -
시 146:3

02

생산현장 직무 기피 요인 해소사업

생산현장 직무 기피 요인 해소사업은 제조 공정상 수반되는 열, 냄새, 분진, 소음 등 중소제조업 생산현장의 직무 기피 요인 발생 방지 및 해소를 위한 장비 등을 개발 보급하는 사업이다. 생산현장 환경을 개선하고자 하는 업체를 선정하여 공정한 현장실사를 거쳐 정부에서 지원하는 제도다.

우리 회사는 알루미늄 주물 제품을 생산하는데 연료로 석유를 사용하고 있다. 그런데 용광로를 전기로로 바꾸게 되면 열과 소음 해소 효과는 물론이고 에너지 절약 효과도 매우 높다.

우리는 정부 지원금을 받기 위하여 그동안 대기업들에게 당한 억울한 사연까지 호소하며 도와 달라는 민원을 청와대에 올렸다.

이 일로 인하여 우리의 납품업체 중 하나인 D회사는 공정거래위원회로부터 징계 공고를 받아 세무조사를 받아야 한다고 했다. 다급한 상황을 수습하기 위해 D회사에서 협상을 하자는 제안을 했다. 협상 결과는 내가 원하는 대로 체결되었고 정부의 지원금을 받기 위한 절차가 진행 중에 이런 사고를 당하게 되었다.

"주권자에게 은혜를 구하는 자가 많으나 사람의 일의 작정은 여호와께로 말미암느니라"- 잠 29:26

모든 축복이 하나님께로부터 온다고 입으로는 말하면서도 먼저 하나님께 기도하지 않고 청와대에 민원을 올려 주권자에게 도움을 구하는 불신앙의 죄에 빠지게 되었다. 같은 분야의 업체들로부터 부러움을 받을만한 설비와 규모를 갖추고 공기업과 대기업의 거래처를 가지고 있는 것이 마치 나의 능력이라도 되는 것처럼 교만에 빠져 은행에서 대출받고 기술신용보증에서 대출을 받아 새 기계를 구입하여 새로운 시스템을 준비하는 과정에서 사고를 당하여 하루아침에 회사가 위기에 빠지게 되었고 빚더미 속에서 폐업을 하게 되었다.

03
소망 칼국수 개업

아는 사람 없는 곳으로 이사를 하고 싶어서 수원으로 이사할 결심을 하고 부동산 중개업소를 찾았다. 칼국수 가게를 할만한 조그만 가게를 찾는다고 했더니 10평 안에 방 하나가 딸린 1500만 원짜리 전세가 있다고 했다.

그 말을 듣는 순간 여호와이레 1500만 원밖에 남은 돈이 없는 나의 형편을 아시는 하나님이 준비하셨음을 깨달았다. 가게 월세 부담을 덜고 무엇보다 숙식을 해결할 수 있는 방이 있으니 하나님의 은혜가 아니라면 어떻게 이런 일이 있을 수 있겠는가? 하나님께 감사 기도를 드렸다.

계약을 체결하고 가게를 오픈했다.

성치 않은 몸으로 가게를 시작한 것은 남편이 "하루아침에 폐업하고 나이 들어 직장생활은 못 하겠으니 포장마차에서 술 장사를 하겠다"라며 "새벽 시장에 가서 안줏거리를 사다주고 운전만 해주면 내가 다 알아서 하겠다"라고 했기 때문이다.

내 기도 생활을 방해하고 내 가정을 무너뜨리려는 마귀의 계교를 알고 있는 나로서는 용납할 수 없어 아픈 몸을 이끌고 장사를 시작하게 되었는데 앞이 캄캄했다. 손님이 와도 걱정, 오지 않아도 걱정, 주님께 맡기고 기도할 수밖에 없었다.

앉고 서기도 불편한 몸을 이끌고 날마다 새벽 2-3시면 교회에 나가 기도했다. 그리고 남편에게 기반이 잡힐 때까지 직장생활을 하라고 설득했다. 남편도 마지 못 해 수긍을 하면서 3개월만 다니겠다고 했다. 남편은 고도의 기술을 가진 엔지니어이기에 와서 일해 달라는 회사는 많았다.

남편은 며칠 후 모 회사에 출근을 하게 되었고, 3개월의 마지막 날 아침 "오늘까지 일하고 그만두겠다"는 말을 하고 출근을 했다. 나는 너무나 막막했다.

장사도 안되고 몸은 아프고…. 제발 남편이 직장이라도 다녔으면 하는 바람이었지만 이미 "3개월만 다녔으면 좋겠다"라고 했기에 더 이상 말을 할 수 없었다. 그런데 마지막 출근을 한 남편은 저녁 퇴근 시간이 지났는데도 돌아오지 않았다.

밤늦은 시간 남편이 병원에 입원해 있는데 부상이 심하다는 연락을 받았다. 남편은 퇴근 2시간 전에 발을 다쳐서 1년 동안 병원에 입원을 해 치료를 받았고 부활주일에 주님을 영접하는 기회를 가졌다. 그리고 1년 후 남편이 세례를 받았다.

어려운 역경 속에서도 항상 나와 함께하셔서 천국 소망을 가지고 기쁘고 즐거운 마음으로 기도하게 하시고 내 기도를 들으시고 응답하사 남편을 구원해 주시고 세례까지 받게 하신 하나님의 은혜에 감사하여 일천번제를 작정하고 매일 새벽 일천번제 예물을 드렸다.

"주의 법이 나의 즐거움이 되지 아니하였더라면 내가 내 고난 중에 멸망하였으리라"- 시 119:92

사랑은 여기에

2007년 2월 남편이 요즈음 소화도 안 되고 속이 아프다고 말했다.

아들이 듣고는 "어머니, 오늘 아버지 모시고 병원에 가서서 검진 한번 받아 보세요"라는 말에 남편과 함께 병원에 가서 검진을 받았다.

위암 말기라는 진단이 나왔다. 너무나 놀라운 결과였다. 그는 태어나서 지금까지 회사에서 근무 중에 사고를 당해 병원에 입원해 치료를 받은 적은 두 번 있어도 질병으로 병원에 가본 일이 없었다. 상상할 수 없는 현실이 너무 힘겨워 하나님 앞에 부르짖어 기도했다. 하나님께서 말씀을 주셨다.

"여호와의 말씀이니라 너희를 향한 나의 생각을 내가 아나니 평안이요 재앙이 아니라 너희에게 미래와 희망을 주는 것이니라 너희가 내게 부르짖으며 내게 와서 기도하면 내가 너희들의 기도를 들을 것

이요 너희가 온 마음으로 나를 구하면 나를 찾을 것이요 나를 만나리
라"- 렘 29:11-13

하나님의 말씀을 받고 보니 마음이 평안해졌다.

남편이 수술하고 병원에 입원해 있는 동안에도 새벽기도에 빠지지 않고 침착하게 생활하는 나를 보고 구역 식구들은 "남편이 위중한데 저렇게 태평할 수 있냐?"고 수근거렸다. 나는 이 고난을 통하여 신앙의 위대한 능력인 신앙의 긍정의 힘이 우리의 삶 속에서 얼마나 큰 영향을 미치는지 다시 한 번 깨달았다. 내가 인격적으로 주님을 만나지 못했다면, 또 어려움이 다가올 때마다 하나님의 말씀을 받지 못했다면 내가 그런 고난을 어떻게 감당했을까?

저들처럼 비난하고 판단하며 낙심하고 좌절하여 무너졌을 것이다. 그러나 나의 구원자 예수님이 나와 함께하시므로 고난과 고통 중에도 천국 소망을 누릴 수 있다.

"우리가 환난 중에도 즐거워하나니 이는 환난은 인내를 인내는 연단
을 연단은 소망을 이루는 줄 앎이로다"- 롬 5:3-4

"어려운 환경 속에서도 나와 함께 하셔서 하나님의 말씀과 기도로 극복할 수 있도록 도와주시는 주님께 모든 것을 다 맡기고 주님의 뜻대로 이루어 주소서"라고 기도를 드렸다.

수술 결과는 좋지 않았다. 화장실에 가면 새빨간 피를 쏟았

지만 원인을 찾지 못했다. 하나님께 간절히 기도드렸다.

하나님께서 말씀하시기를 "그리스도께서 이미 육체의 고난을 받으셨으니 너희도 같은 마음으로 갑옷을 삼으라 이는 육체의 고난을 받은 자는 죄를 그쳤음이니 그 후로는 다시 사람의 정욕을 따르지 않고 하나님의 뜻을 따라 육체의 남은 때를 살게 하려 함이라 너희가 음란과 정욕과 술 취함과 방탕과 향락과 무법한 우상 숭배를 하여 이방인의 뜻을 따라 행한 것은 지나간 때로 족하도다"(벧전 4:1-3)라고 하셨다.

남편이 주님을 영접하고 세례는 받았지만 하루 아침에 병자가 되니 자신을 비관하여 심방을 전혀 받지 않고 주님을 인정하지 않았다. 그러나 나는 그 영혼을 포기할 수 없어 날마다 내 남편 영혼 구원을 위해 침대 맡에 앉아 말씀을 읽고 기도하고 찬송하기를 쉬지 않았다.

내 주를 가까이 하게함은 십자가 짐 같은 고생이나
내 일생 소원은 늘 찬송하면서 주께 더 나가기 원합니다

내 고생하는 것 옛 야곱이 돌 베개 베고 잠 같습니다
꿈에도 소원은 늘 찬송하면서 주께 더 나가기 원합니다

천성에 가는 길 험하여도 생명 길 되나니 은혜로다
천사 날 부르니 늘 찬송하면서 주께 더 나가기 원합니다

야곱이 잠 깨어 일어난 후 돌단을 쌓은 것 본받아서
숨질 때 되도록 늘 찬송하면서 주께 더 나가기 원합니다

남편은 운명하기 10일 전 갑자기 나에게 "살 날이 20일 정도 남았냐?"고 물었다.

나는 조심스럽게 대답했다.

"사람이 한 번 죽는 것은 정해진 것이요 그 후에는 반드시 심판이 있는데 우리가 죽음을 피할 수 없다면 지옥 가서 고통받지 말고 예수님을 믿고 천국 갑시다. 예수 믿어야 우리가 다음에 천국에서 다시 만날 수 있어요. 그러니 목사님을 모셔다 예배를 드립시다"라고 말하고 곧바로 목사님을 모셔다 예배를 드렸다. 그리고 날마다 나를 따라 기도하게 하고 그의 옆에 앉아 성경을 읽어주고 기도와 찬송을 드렸다.

"한 번 죽는 것은 사람에게 정해진 것이요 그 후에는 심판이 있으리니"- 히 9:27

예배를 드리고 며칠 후 아들이 "어머니, 아버지 이제 완치되실 것 같아요. 아버지 얼굴 좀 보세요"라고 했다. 아들의 말을 듣고 남편을 보니 천사의 얼굴처럼 광채가 나고 평안해 보였다. 그리고 남편은 "내가 꿈을 꾸었는데 천국에 가서 어릴 때 다녔던 교회 장로님을 보았는데 하얀 옷을 입고 금테 둘린 하얀 모자를 쓰고 있고 어떤 여자가 열심히 기도를 하고 있는데 얼

굴은 보이지 않고 뒷모습만 보았다"고 말하면서 "여보, 다음에 천국에서 다시 만납시다"라는 말을 남기고 하늘나라로 가셨다.

> "사랑은 여기에 있으니 우리가 하나님을 사랑하는 것이 아니요 하나
> 님이 우리를 사랑하사 우리 죄를 속하기 위하여 화목 제물로 그 아들
> 을 보내셨음이라" – 요일 4:10

6살에 잠깐 교회에 다니다가 세상에서 방황하며 살아온 그 아들을 버리지 아니하시고 채찍을 들어서라도 그 영혼을 구원해 주신 변함없이 위대하신 하나님의 사랑 앞에 존귀와 영광과 감사의 찬양을 올려드립니다.

> 그 크신 하나님의 사랑 말로 다 형용 못 하네
> 저 높고 높은 별을 넘어 이 낮고 낮은 땅 위에
> 죄 범한 영혼 구하려 그 아들 보내사
> 화목 제물 삼으시고 죄 용서하셨네
> 하나님 크신 사랑은 측량 다 못 하네
> 영원히 변치 않는 사랑 성도여 찬양하세

우리의 필요를 예비하신 아버지

남편이 소천하고 3개월 후 국민연금 공단에서 전화가 왔다.

남편의 사망 원인에 대하여 자세히 묻더니 국민연금 가입 중에 사망을 하셔서 유족연금을 수령할 수 있으니 서류를 제출하라고 했다. 우리는 생각지도 못했던 일이다. 남편이 I회사에 근무하던 때 국민연금이 처음 실시되었고 그 당시에는 퇴사하면 일시불로 그동안 납입했던 보험금을 돌려받고 다시 연금에 가입할 수 없는 정책이라 남편이 퇴사하고 사업을 시작한 이후 지금까지 연금을 가입하지 않고 살아왔다. 그런데 사업을 폐업하고 잠깐 다녔던 직장에서 연금에 가입하게 된 것이다.

만일 남편이 3개월 다니고 직장을 그만두었다면 국민연금에 가입하지 못했을 것인데 그 몸을 쳐서라도 퇴사를 막으셔서 생계유지에 힘이 되게 하시고 그 일로 인하여 주님을 영접하고 세례를 받게 하셨으니 머리털 하나까지도 헤아리시는 하나님

4부 내 모든 소망을 이뤄주신 주님 187

이 내게 필요할 경제적 필요를 아시고 미리 섬세하고 세밀하게 준비하고 계셨다는 것을 알게 되었다.

믿음을 지키기 위해 성치 않은 몸으로 칼국수 집을 개업하고 매월 적자를 보면서도 하루 5000원씩 일천번제 기도를 작정하고 앉고 서기도 불편한 몸을 이끌고 새벽 2-3시면 교회에 나가 고난과 고통 속에서 탄식하는 나를 하나님은 받으셨다.

암으로 투병하게 될 것을 아시고 그렇게 보험이라면 말조차 못 하게 하던 그가 암보험을 들게 하였다. 만일 보험을 들지 않았더라면 우리는 감당할 수 없는 경제적 어려움 때문에 곤경을 겪게 되었을 것이다. 심은 데로 거두게 하신 하나님께서 세상에서 가장 좋은 것으로 풍성하게 채워주시려고 온몸과 마음과 정성을 다하여 기도와 찬양을 드리게 하시고 나를 받아 주신 주님께 찬양으로 영광을 올려드린다.

주 예수보다 더 귀한 것은 없네 이 세상
부귀와 바꿀 수 없네 영 죽을 내 대신
돌아가신 그 놀라운 사랑 잊지 못해
세상 즐거움 다 버리고 세상 자랑 다 버렸네
주 예수보다 더 귀한 것은 없네 예수 밖에는 없네

주 예수보다 더 귀한 것은 없네 이 세상

명예와 바꿀 수 없네 이전에 즐기던
세상일도 주 사랑하는 맘 뺏지 못해
세상 즐거움 다 버리고 세상 자랑 다 버렸네
주 예수보다 더 귀한 것은 없네 예수 밖에는 없네

주 예수보다 더 귀한 것은 없네 이 세상
행복과 바꿀 수 없네 유혹과 핍박이 몰려와도
주 섬기는 내 맘 변치 않아
세상 즐거움 다 버리고 세상 자랑 다 버렸네
주 예수보다 더 귀한 것은 없네 예수 밖에는 없네

06

만사를 성취하시는 하나님

분주했던 하루의 일과가 끝나고 온 누리가 잠든 고요한 시간, 천지를 진동하는 찬송이 울려 퍼진다.

'주여! 나의 애통함의 찬송을 들으시고 내 눈물을 주의 병에 담으소서!'

저 높은 곳을 향하여 날마다 나아갑니다
내 뜻과 정성 모아서 날마다 기도합니다
내 주여 내 발 붙드사 그곳에 서게 하소서
그곳은 빛과 사랑이 언제나 넘치옵니다

괴롬과 죄가 있는 곳 나 비록 여기 살아도
빛나고 높은 보좌를 날마다 바라봅니다
내 주여 내 발 붙드사 그곳에 서게 하소서
그곳은 빛과 사랑이 언제나 넘치옵니다

의심에 안개 걷히고 근심의 구름 없는 곳
기쁘고 참된 평화가 거기만 있사옵니다
내 주여 내 발 붙드사 그곳에 서게 하소서
그곳은 빛과 사랑이 언제나 넘치옵니다

험하고 높은 이 길을 싸우며 나아갑니다
다시금 기도하오니 내 주여 인도하소서
내 주여 내 발 붙드사 그곳에 서게 하소서
그곳은 빛과 사랑이 언제나 넘치옵니다

내 주를 따라 올라가 저 높은 곳에 우뚝 서
영원한 복락 누리며 즐거운 노래 부르리
내 주여 내 발 붙드사 그 곳에 서게 하소서
그곳은 빛과 사랑이 언제나 넘치옵니다

내 영혼 깊은 곳에서 솟아나는 영혼의 찬송은 끊임없이 흘러나오는데 주님의 음성이 들려왔다.

"바람의 길이 어떠함과 아이 밴 자의 태에서 뼈가 어떻게 자라는 것을 네가 알지 못함 같이 만사를 성취하시는 하나님의 일을 네가 알지 못하느니라" – 전 11:5

나는 "아버지! 나를 향하신 하나님의 일을 알게 하소서"라고 탄식하며 기도했다.

순간 지하 주차장과 지상 주차장이 있는 지상 5층의 건물을 보여 주셨다.

"주여! 감사합니다. 나에게 이 건물을 주시면 주차장을 교회 주차장으로 사용하겠습니다."

오래전부터 기도해 온 제목들이 있었다.

"내 일생 비가 오나 눈이 오나 바람이 부나 날마다 주님 전에 나가 새벽 제단을 쌓을 수 있는 하나님의 성전 가장 가까운 거리에 인간의 생각으로는 상상할 수도 헤아릴 수도 없는 크고 넓고 아름다운 장막을 주시되 주차 공간 넓은 장막을 주소서" 하는 기도와 가난하고 병들고 소외당한 자들을 위한 무료급식과 의료선교를 위하여 기도하고 있는데 이 모든 기도의 제목들을 한 번에 해결해 주신 것이다.

"너희 안에서 행하시는 이는 하나님이시니 자기의 기쁘신 뜻을 위하여 너희로 소원을 두고 행하게 하시나니"- 빌 2:13

만사를 성취하시는 하나님께서 나를 향하신 하나님의 기쁘신 뜻을 이루시고 영광 받으시기 위하여 내 마음속에 소원을 두고 사모하며 기도하게 하시고 내 기도 들으시고 일점일획도 감하지 아니하시고 "너희 말이 내 귀에 들린 대로 내가 너희에게 행하리니"- 민 14:28 라는 기록된 말씀대로 나를 선교지로 가장 적합한 곳으로 인도하셨음을 깨달았다.

"땅에는 언제든지 가난한 자가 그치지 아니하겠으므로 내가 네게 명령하여 이르노니 너는 반드시 네 땅 안에 네 형제 중 곤란한 자와 궁핍한 자에게 네 손을 펼지니라" - 신 15:11

나는 그날부터 새벽기도를 마치고 집으로 돌아가는 길에 그 건물에 들려 기도를 드렸다.

"주여! 감사합니다. 내 기도 들으시고 구하는 것보다 훨씬 더 좋은 것으로 허락하신 아버지하나님의 사랑과 은혜와 축복은 크고 높고 위대하심을 온 천하 만민에게 "네 입을 크게 열라 내가 채우리라" 하신 말씀을 제목으로 삼아 간증하여 하나님께 영광 돌리며 천하 만민이 주님께 돌아오는 축복의 통로로 쓰임 받기를 원합니다.

주여! 지체하지 마시고 약속하신 건물을 허락하셔서 기쁨과 소망과 생명이 되신 우리 주 예수 그리스도를 전하는 의료선교의 사역을 감당하게 하소서! 나와 내 자손 대대로 천국 복음을 전파하며 병든 자를 고치고 죽은 영혼을 살리며 주리고 목마른 자들에게 생명의 떡과 영생수를 먹이며 흑암에 앉은 자들에게 광명의 빛을 비추며 압제당한 영혼들을 자유하게 하는 하나님 나라를 세워가는 의료선교의 가문을 이어가도록 주님이 우리의 영원한 기업이 되어 주시기를 날마다 기도합니다."

07

내 인생의 마지막 카드

　61번째 생일을 맞아 21일 금식기도를 작정했다. 새벽기도를 마치고 기도원으로 출발할 결심을 하고 새벽 2시에 교회에 나가 기도를 드렸다.

　"아버지! 내 인생에서 가장 힘들고 외로운 고난의 밤 주님의 은혜가 아니면 살 수 없어 참 빛 되신 주님 앞에 나갑니다. 주여! 나의 부족하고 연약함을 불쌍히 여기시고 긍휼히 여겨주옵소서! 약하고 병들고 돈도 없고 남편도 없습니다. 나에게 남은 마지막 카드 내 생명을 드립니다. 나를 받아 주소서! 시들고 메마른 내 영혼의 눈물과 찬양을 주여 받아 주소서!"

　하늘가는 밝은 길이 내 앞에 있으니 슬픈 일을 많이
　보고 늘 고생하여도 하늘 영광 밝음이 어둔 그늘
　헤치니 예수 공로 의지하여 항상 빛을 보도다

내가 염려하는 일이 세상에 많은 중 속에 근심 밖에
걱정 늘 시험 하여도 예수 보배로운 피 모든 것을
이기니 예수 공로 의지하여 항상 이기리로다

내가 천성 바라보고 가까이 왔으니 아버지의 영광
집에 나 쉬고 싶도다 나는 부족하여도 영접하실
터이니 영광 나라 계신 임금 우리 구주 예수라

새벽 기도를 마치고 담임목사님과 전도사님께 금식기도원에 간다고 말씀드렸다. 전도사님이 눈물을 흘리며 "권사님 그 연세에 장기금식은 안 됩니다"라며 만류하셨다. 전도사님의 그 마음은 고맙지만 나로서는 다시 생각할 여지가 없었다.

"전도사님 하나님의 은혜가 아니면 살 수 없어요. 내 인생의 마지막 카드를 주님께 바치렵니다. 나를 위해 기도해주세요"라고 하자 "그럼요. 당연히 기도해야지요. 젊어서 금식하는 것도 힘들고 어려운데…"라고 하시며 우시는 그 따뜻한 마음이 예수님의 사랑임을 느꼈고 내 평생 이 사랑을 잊지 않으리라 다짐했다. 나를 위해 눈물을 흘리며 기도해 줄 한 사람이 있다는 사실에 큰 위로를 받고 용기를 얻었다.

기도원에 도착하여 첫날 첫 예배 시간부터 마지막 날 마지막 예배 시간까지 한 시간도 빠지지 않고 예배에 참석하며 감사의 예물을 봉헌했다.

이튿날부터 온몸이 쑤시고 아프기 시작하더니 3일째 되던 날은 입으로 코로 피가 쏟아졌다. 죽을 것만 같았다. 자리에 앉지도 못하고 바닥에 누워 예배를 드렸다. 4일째 되던 날 밤 '찬송을 부를 때'라는 제목으로 목사님께서 말씀을 선포하셨다. 본문 말씀을 읽는 순간 감동을 받았다. 이 말씀은 나를 위하여 준비하신 축복의 말씀이라는 확신이 들었다.

"그 노래와 찬송이 시작될 때에 여호와께서 복병을 두어 유다를 치러 온 암몬 자손과 모압과 세일 산 주민들을 치게 하시므로 그들이 패하였으니 곧 암몬과 모압 주민들을 멸한 후에는 그들이 서로 쳐 죽였더라 유다 사람이 들 망대에 이르러 그 무리를 본즉 땅에 엎드러진 시체들뿐이요 한 사람도 피한 자가 없는지라 여호사밧과 그의 백성이 가서 적군의 물건을 탈취할 새 본즉 그 가운데에 재물과 의복과 보물이 많이 있으므로 각기 탈취하는데 그 물건이 너무 많아 능히 가져갈 수 없을 만큼 많으므로 사흘 동안에 거두어들이고" - 대하 20:22-25

"주여! 감사합니다. 내가 기도원 올라오던 날 새벽 교회에서 내 영혼 깊은 곳에서 눈물로 탄식했던 찬양을 받으시고 내가 보지도 느끼지도 못한 그 시간부터 이미 하나님이 일하고 계셨음을 말씀을 통해서 깨닫게 하셨다. 이 말씀은 나를 위해 준비하신 축복의 말씀이라는 확신을 갖게 하셨고 이 말씀대로 이루어 주실 것을 확실히 믿습니다."

내 마음속에서 솟아오르는 확신을 입으로 시인하게 하셨다.

열흘째 되던 날 전도사님이 부목사님을 모시고 여러 권사님들과 함께 나를 찾아오셨다. 생각지 못했던 방문에 너무 반갑고 고마워서 눈물이 나왔다.

"“내가 진실로 너희에게 이르노니 너희가 여기 내 형제 중에 지극히 작은 자 하나에게 한 것이 곧 내게 한 것이니라”(마 25:40)라고 말씀하신 주님 저분들이 나에게 베풀어준 그 사랑을 하늘나라에 있는 저들의 행위록에 기록해 주소서!"

나는 인생에서 가장 힘들고 어려운 고난 속에서 내 눈에 눈물을 닦아주고 용기를 주신 그분들의 사랑을 잊지 못할 것이다.

작정 기도를 마치기 3일 전 새벽에 꿈을 꾸었다.

21개의 계단을 올라가야 하는데 계단 오르기가 너무 힘들고 어려웠다. 계단 옆에 사무실 같은 공간이 있는데 거기에 많은 서류가 쌓여있고 주의 사자가 서서 한 계단 오를 때마다 서류 파일을 한 장씩 넘기고 검토하면서 서류에 인감도장을 찍어 주었다. 마지막 계단을 오를 때에는 거기에 있는 모든 서류에 인감도장을 찍어 주고 천사들이 양쪽에서 나의 어깨를 붙들고 커다란 통 안에 있는 물에 내 발을 넣었다 들어 올리면서 "아무나 이렇게 할 수 없는데…"라고 말했다. 그 순간 내 입에서 찬송이 흘러나왔다.

승리는 내 것일세 승리는 내 것일세 구세주의
보혈로서 승리는 내 것일세 내 것일세 승리만은
구세주의 보혈로서 항상 이기네

축복은 내 것일세 축복은 내 것일세 구세주의
보혈로서 축복은 내 것일세 내 것일세 축복만은
구세주의 보혈로서 항상 이기네

찬송을 부르다 눈을 뜨니 새벽 4시 30분이었다. 내 인생의 마지막 카드를 받아 주신 하나님께 감사의 기도를 드렸다.

"아버지! 감사합니다. 어둠을 물리치고 주님의 영광의 빛으로 나를 인도하셨으니 시대적인 모든 복을 다 허락하셔서 시대적인 복을 누리며 시대적 사명을 감당하는데 쓰고 남을 수 있는 영권, 물권, 인권과 체력과 하늘에 있는 신령한 은사와 땅에 있는 기름진 것들과 그리스도 예수 안에 있는 모든 지혜와 지식과 각양각색의 보화와 성령으로 충만하게 하사 바다에 부가 내게 오며 열방의 재물이 내게 오는 축복으로 풍성하게 축복하사 세계 모든 민족 위에 가장 높은 곳에 주님의 이름으로 세우시고 하나님의 영광의 빛을 온 누리에 비추는 복음의 일꾼 삼으시되 세상에서 가장 강하고 가치 있고 값진 다이아몬드처럼 사용해 주소서! 나와 내 자손들에게 허락하신 축복으로 말미암아 세계 만민이 예수께 돌아오는 축복의 통로로 사용해 주소서."

나는 간절한 마음으로 감사의 기도를 드렸다.

"아버지께 참되게 예배하는 자들은 영과 진리로 예배할 때가 오나니 곧 이때라 아버지께서는 자기에게 이렇게 예배하는 자들을 찾으시느니라 하나님은 영이시니 예배하는 자가 영과 진리로 예배할지니라"

– 요 4:23-24

08

하늘 창고가 열리는 축복

기도원을 다녀오고 얼마 후 생각지 못했던 5년 차 공공임대 아파트를 분양받아 입주하게 되었다.

공공임대 주택은 정부에서 무주택 서민들의 주택 마련을 위해 5년 동안 저가의 임대료로 살다가 5년 후 분양을 받는 조건으로 정부에서 시행하는 무주택 서민을 위한 정책이다.

모든 가전제품을 최신형으로 구입하고 대형 3D TV에 방마다 컴퓨터와 에어컨을 설치하고 백향목 침대에 천연 라텍스 매트리스를 들여놓고 차도 새 차로 바꾸어주시고 최신형 풀옵션을 갖추어 시대적 복을 누리게 하셨다. 그리고 주님을 영접하는 그 날 이후 지금까지 좋은 옷을 동생을 통하여 입혀 주신 하나님이 동생을 통하여 지금까지 내가 가져보지 못한 명품백을 들게 하시고 두 아들을 축복하사 가장 좋은 것으로 먹고 갖는 복을 누리도록, 차고 넘치도록 풍성하게 채워주셨다.

환난과 고난 중에도 주님이 나와 함께 계셔서 천국 소망을 바라보며 기도하게 하시고 내 기도를 들으시고 응답하셔서 시대적인 모든 복을 누리게 하신 하나님의 은혜가 너무 고맙고 감사하여 기쁨과 소망과 생명이 되신 주님께 날마다 기도와 찬양으로 영광을 올려드린다.

나의 기쁨 나의 소망되시며 나의 생명이 되신 주
밤낮 불러서 찬송을 드려도 늘 아쉰 마음뿐일세

나의 진정 사모하는 예수님 음성조차도 반갑고
나의 생명과 나의 참 소망은 오직 주 예수뿐일세

주일 날 주차를 하고 성전으로 들어가는데 O 권사님이 내게 "권사님 부러워요. 나는 아들이 언제 이런 차를 사주지"라며 농담처럼 말했다. 그때 옆에서 듣고 있던 남자 집사님이 "얼마나 자식들을 쪼아댔으면 차를 사주었겠냐"고 비아냥거렸다.

나는 속으로 기도드렸다.

"주님 감사합니다. 나 같은 죄인이 무엇이기에 주님의 은혜로 저가 보지 못한 것 보게 하시고 저가 듣지 못한 것 듣게 하시고 저가 알지 못한 것 알게 하시고 저가 가지지 못한 것 갖게 하시고 저가 누리지 못한 하늘의 영광을 누리게 하시는지 내 작은 입술로 다 감사드릴 수 없나이다. 주여 저 사람의 죄를 용서해 주시고 하나님의 깊고 오묘한 진리를 깨닫는 성도 되게 하소서!"

> "내가 너희에게 이르노니 사람이 무슨 무익한 말을 하든지 심판 날에
> 이에 대하여 심문을 받으리니 네 말로 의롭다 함을 받고 네 말로 정죄
> 함을 받으리라" - 마 12:36-37

우리나라 속담에 '사촌이 땅을 사면 배가 아프다'는 말이 있
다. 그러나 우리 성도들은 성도들이 은혜받고 축복받으면 같이
기뻐하고 즐거워하며 하나님께 영광을 돌려야 한다. 모든 축복
은 하나님이 기도하는 자에게 주시는 하나님의 선물이므로 시
기하거나 비판하면 안 된다.

엘리야 시대에 하늘이 삼 년 육 개월 동안 닫혀 온 땅에 큰 흉
년이 들어 이스라엘에 많은 과부가 있었으되 엘리야가 오직 시
돈 땅에 있는 사렙다 한 과부에게만 보내심을 받았고 또 선지
자 엘리사 때에 이스라엘에 많은 나병 환자가 있었으되 오직
수리아 사람 나아만 한 사람만 고침을 받았다. 하나님은 은혜
받을만한 사람에게 은혜를 베풀고 긍휼히 여길 자를 긍휼히 여
기신다.

> "나는 은혜 베풀 자에게 은혜를 베풀고 긍휼히 여길 자에게 긍휼을 베
> 푸느니라" - 신 33:19

"스스로 속이지 말라 하나님은 업신여김을 받지 아니하시나니 사람이 무엇으로 심든지 그대로 거두리라 자기의 육체를 위하여 심는 자는 육체로부터 썩어질 것을 거두고 성령을 위하여 심는 자는 성령으로부터 영생을 거두리라"- 갈 6:7-8

내가 주님을 만난 그날부터 성령의 인도하심을 따라 온 마음과 뜻을 다하여 내 일생 주님만 섬기기로 결심했다. 가족 여행한 번 가지 않고 동생이 해외여행 경비를 대주면서 함께 여행가자고 몇 번이나 권유했다. 하지만 하나님께 받은 은혜가 너무 많고 감사하여 날마다 감사의 찬양과 기도로 살 수밖에 없는 나에게는 매일 새벽 주님과 대화하는 그 시간이 가장 귀하고 즐겁고 은혜받는 시간이기에 그 시간을 놓치고 싶지 않아서 늘 거절해 왔다.

금식기도원에 들어가기 며칠 전 동생이 지금까지 여행 한 번가지 않고 신앙생활 잘 해왔으니 회갑 선물로 2주 동안 유럽여행을 준비했으니 같이 가자고 권했다. 하지만 나는 거절하고기도원을 선택했다. 하나님은 목마른 사슴이 시냇물을 찾는 갈급함 같이 하나님의 은혜를 사모하며 은혜에 목말라 갈급한 영혼들을 찾아 은혜를 주신다.

하나님의 은혜가 아니면 살 수 없어 날마다 아침 금식하며성경을 읽고 기도와 찬양으로 살아가는 나를 두고 어떤 이는

"장시간 기도하는 사람을 보면 이상하다"며 수군거리고 어떤 성도는 "세상 것도 즐기며 살아야지 무슨 재미로 사는지 이해할 수 없다"며 비난하기도 했다. 그러나 하나님은 나를 받으시고 이런 복을 주셨다.

> "무명한 자 같으나 유명한 자요 죽은 자 같으나 보라 우리가 살아 있고 징계를 받는 자 같으나 죽임을 당하지 아니하고 근심하는 자 같으나 항상 기뻐하고 가난한 자 같으나 많은 사람을 부요하게 하고 아무 것도 없는 자 같으나 모든 것을 가진 자로다"- 고후 6:9-10

하나님의 아들 예수 그리스도께서도 온밤을 새워 기도하셨는데 하물며 육신을 입은 우리가 기도하는 것은 당연한 일이다. "항상 기뻐하라 쉬지 말고 기도하라 범사에 감사하라 이는 너희를 향하신 하나님의 뜻이니라"(살전 5:16-18) 하신 말씀에 순종하는 것이며 성도의 의무이지만 진리를 알지 못하고 입술로 죄를 짓는 성도들의 시선과 목소리에 여념하지 않고 주님만 바라보고 살아왔다.

> "온갖 좋은 은사와 온전한 선물이 다 위로부터 빛들의 아버지께로부터 내려오나니 그는 변함도 없으시고 회전하는 그림자도 없으시니라"- 약 1:17

> "젊은 사자는 궁핍하여 주릴지라도 여호와를 찾는 자는 모든 좋은 것

에 부족함이 없으리로다"- 시 34:10

내가 지금 자랑하고 있는 것은 세상 것을 자랑하고 싶어서가 아니다. 우리들의 작은 신음에도 응답하시는 신실하신 하나님의 인애와 정의와 공의를 행하시는 하나님을 자랑하고 있는 것이다.

"여호와께서 이와 같이 말씀하시되 지혜로운 자는 그의 지혜를 자랑하지 말라 용사는 그의 용맹을 자랑하지 말라 부자는 그의 부함을 자랑하지 말라 자랑하는 자는 이것으로 자랑할지니 곧 명철하여 나를 아는 것과 나 여호와는 사랑과 정의와 공의를 땅에 행하는 자인 줄 깨닫는 것이라 나는 이 일을 기뻐하노라"- 렘 9:23-24

감찰하시는 하나님

아파트에 입주하고 얼마 후 거실에 앉아 성경을 읽고 있는데 아이들이 생태 연못에서 물고기를 잡고 곤충을 잡느라 연못 안에 있는 돌들을 한쪽으로 쌓고 밖으로 던지고 야단법석을 떨었다. 보다 못해 내가 아이들에게 소리를 쳤다.

"얘들아! 그냥 그대로 두고 관찰만 해! 그러다가 물고기와 곤충이 다 죽겠다."

우리집 유리창이 특수 유리라 나는 밖이 다 보이지만 아이들은 나를 보지 못하고 음성은 들리는데 사람이 보이지 않으니 사방을 두리번거렸다.

나는 그 순간 하나님이 우리의 모든 행위를 이렇게 다 보고 계신다는 것을 깨달았다. 아이들이 나를 보지 못한 것처럼 우리가 하나님을 보지 못해 하나님을 의식하지 못하고 살아가는 우리 인생들이 얼마나 미련하고 우둔하고 어리석은지 새삼 깨달았다.

"여호와여 주께서 나를 살펴보셨으므로 나를 아시나이다 주께서 내가 앉고 일어섬을 아시고 멀리서도 나의 생각을 밝히 아시오며 나의 모든 길과 내가 눕는 것을 살펴 보셨으므로 나의 모든 행위를 익히 아시오니"- 시 139:1-3

10

행한 대로 받으리라

어느 날 밤, 잠을 자던 중 OOO 하는 우레와 같은 소리에 깜짝 놀라 잠에서 깨어났다. 순간 하늘이 열리며 OOO 목사님의 이름이 커다랗게 적혀있고 옆으로 숫자들이 적혀있는 것이 보였다. 눈을 뜨니 꿈이었다.

예사로운 꿈은 아닌 데 무슨 뜻인지 알 수 없어 몹시 궁금했다. O 목사님은 우리 교회에서 부목으로 사역하시다가 시골에 작은 교회를 개척하시고 다섯 명의 성도로 시작하여 어렵게 목회를 하고 있는 분이다. 슬하에 초등학생 남매를 두고 지하 건물에서 목회하시는 목사님과 가족들을 생각하면 늘 마음이 짠해서 날마다 OOO 교회와 목사님 가족을 위해 기도했다.

"주여! OOO 교회를 축복해 주소서! 주님께서 피 흘려 세우신 성전이오니 하나님께서 세우신 뜻을 이루시고 영광 받아 주옵소서! 힘도 없고 빈약합니다. 아버지께서 도와주시지 않으면 도와줄 사람이 없습니다. 목사님 가족들 영과 육이 강건하게 하시고 날마다 깨어 기도하는 목사님과 사모님 되게 하소서! 날마다 구원받는 영혼들이 늘어가게 하시고 물질로 기도로 후원하는 많은 협력자를 붙여 주셔서 주님 안에서 협력하여 선을 이루게 하시고 구하기 전에 있어야 할 것을 아시고 우리의 필요를 채우시는 하나님의 은혜로 충만하게 하소서."

나는 날마다 기도하고 있다.

꿈을 꾸고 며칠 후 동생들과 만난 자리에서 꿈 이야기를 했다. 내가 꿈을 꾸었던 그 날 일곱 번째 동생이 OOO 교회에 선교헌금으로 30만 원을 송금했다고 했다. 동생의 말을 듣고 나는 너무나 놀랐다. 하나님이 동생의 마음과 정성을 받으신 것이다.

내 동생들은 O 목사님을 알지 못하지만 내가 동생들에게 우리 교회에서 부목으로 사역하시다가 지방으로 내려가셔서 월세 30만 원짜리 지하 건물을 세 얻어 교회를 개척하시고 형편이 어려워 고생을 많이 하신다고 말했다. 그때 동생이 OOO 교회 계좌번호를 알려달라고 해서 계좌번호를 적어준 적이 있었다. 그러나 이렇게 많은 후원금을 보낼 것이라는 생각은 못했다.

내 동생은 청년 때부터 교회를 나가게 되었고 내가 주님을 영접한 그때부터 지금까지 나에게 좋은 옷과 명품백과 필요한 것들을 공급해 주고 나뿐만 아니라 부모님께는 효녀요, 오빠들과 언니들과 동생에게 주님의 사랑을 실천한 마음이 따뜻한 하나님의 딸이다.

내 동생은 불쌍한 사람을 보면 마음 아파서 외면하지 못하고 주님의 사랑의 손을 펼 줄 아는 손 큰 사람이다. 나는 너무 기뻐서 어떻게 이렇게 많은 후원금을 보낼 생각을 했느냐고 물었더니 월세라도 내주고 싶은 마음에 후원금을 보냈다고 대답했다. 그리고 얼마 후 다섯째 동생이 월 30만 원씩 5년을 후원하기로 약정하고 지금까지 계속 후원해 오고 있다.

어느 날 O 목사님이 전화를 하셔서 "권사님 너무나 감사합니다. 권사님의 기도와 동생들이 후원해 주신 덕분에 목회할 힘이 납니다"라고 말씀하셨다.

나는 "목사님 저에게 감사하지 마시고 하나님께 감사하세요. 이 모든 것이 다 하나님이 하셨습니다"라고 말씀드렸다.

O 목사님이 우리 교회에서 사역하실 때 나같이 가난하고 힘없고 나이 먹고 보잘것없는 사람이 기도의 협력자가 될 거라는 생각은 상상도 못 했을 것이다.

우리 교구 담임자도 아니었고 별로 가깝게 지내지도 않은 터였다. 그러나 사람이 할 수 없는 것 다 하실 수 있는 하나님이 인정하시면 나처럼 약하고 힘없는 사람을 축복의 통로로 사용하신다.

하나님의 은혜가 아니면 어찌 생면부지의 일곱째 동생이 월

세라도 내주고 싶은 마음으로 적지 않은 후원금을 보내주고 다섯째 동생은 월 30만 원의 후원금을 5년이란 장기간을 약정할 수 있었을까? 내 동생들은 모두 그렇게 큰 부자가 아니다. 그런데 하나님께서 생각지 않았던 큰 물질의 축복을 주셔서 받은 은혜에 감사하여 하나님이 주신 물질을 하나님이 기뻐하시는 일에 쓰고 싶어 후원을 약정하게 되었다.

"지극히 작은 자에게 하는 것이 내게 하는 것이다"라고 말씀하신 주님께서 목사님이 행하신 대로 갚아주셨다.

내가 생명을 걸고 21일 금식기도를 작정하고 기도할 수밖에 없는 내 영혼의 어두운 밤 기도원에 들어가 생사의 갈림길에서 사경을 헤매며 고통 속에서 눈물 흘리고 있을 때 생각지 않았던 먼 길을 찾아오셔서 내 마음을 위로해 주시고 용기를 주셨다. 생각지 못한 방문에 나는 너무나 반갑고 고마워서 가슴속에서 솟아오르는 벅찬 감정을 억제하며 마음속으로 기도를 드렸다.

"주님! 벌레만도 못한 나에게 기쁨과 소망과 생명이 되시는 주님 안에서 참 평안을 누리도록 주님의 사랑을 베풀어주신 목사님께, 하나님이 그가 행한 대로 갚아주소서! 지극히 작은 자에게 하는 것이 주님께 하는 거라고 말씀하셨으니 주님께서 갚아주실 줄 확실히 믿습니다."

그 기도에 하나님은 응답하셨다.

주님과 동행하는 삶이란?

날마다 말씀을 붙잡고 기도가 삶이 되어야 한다.

하나님은 부자를 통하여 일하지 않으신다.

권력자나 지식인을 통하여 일하지 않으신다.

하나님은 오직 기도하는 사람을 통하여 일하신다.

어떻게 기도를 드려야 주님이 기뻐 받으실까?

목마른 사슴이 시냇물을 찾기에 갈급함 같이

갈급한 마음으로 입을 크게 열어

'하나님 내 일생 주님의 도구로 쓰임 받기 원합니다.

내 삶의 지경을 넓혀주시고 내 마음과 생각과 믿음을 지켜주시고

죄와 모든 유혹을 이길 수 있는 분별력과 능력을 주옵소서!'

기도해야 한다.

"모든 지킬 만한 것 중에 더욱 네 마음을 지키라

생명의 근원이 이에서 남이니라"(잠 4:23)

심지가 굳은 중언부언하지 않는 기도를 하나님은 받으신다.

감사로 하나님께 영광을 돌리는 기도와 찬양을 하나님은 받으신다.

죄를 자복하고 회개하며 소원을 구하는 기도를 하나님은 받으신다.

어떤 사역보다 기도가 우선순위가 되어야 한다.

차고 넘치는 기도가 있어야 차고 넘치는 은혜와 축복이 있다.

하나님의 능력과 축복은 한계가 없다.

그러므로 기도는 만사를 해결하는 만능열쇠와 같다.

그러나 기도는 나의 힘으로 할 수 있는 것이 아니다.

오직 주님을 만나야만 할 수 있다.

주님을 만난다고 순간에 본성이 바뀌거나 환경이 바뀌지 않지만

혹독한 환경 속에서도 환경 바라보지 말고 죄에서 나를 구원하신

기쁨과 소망과 생명이 되신 주님을 바라보고 참고 인내하며

날마다 성경을 읽고 쉬지 않고 기도하는 삶을 살아가면

시험과 환난과 고난 속에서 신앙의 뿌리가 자라고

보이지 않는 곳에서 하나님은 일하고 계신다.

주님을 만나면 사물을 보는 관점이 달라진다.

주님을 만나면 생각하는 사고방식이 달라진다.

주님을 만나면 인생의 목적과 가치관이 달라진다.

그러므로 성령 받기를 기도해야 한다.

나는 1978년 전도를 받고 교회에 나가 한 달 만에 성령을 받

고 그날 이후 지금까지 날마다 성령의 인도하심 따라 남들이 다 잠든 새벽 시간에 교회에 나가 기도하며 찬송 부르게 하시고 매일 성경을 읽도록 인도하시는 말씀에 이끌리는 삶 속에서 남이 누리지 못하는 하늘의 영광과 시대적인 복을 누리는 삶을 살고 있다.

이 귀한 하나님의 사랑을 놓치지 않기 위하여 1983년 21일 금식기도원 다녀온 후 1984년부터 지금까지 생활 계획표를 세워 놓고 아침 금식하며 새벽기도 기상 시간부터 성경 읽기 등 신앙생활의 일과를 꼼꼼히 기록하며 내 자신을 다스리는 삶을 살고 있다. 이 행위는 누구에게 보여주거나 자랑하고 싶어서가 아니라 주님이 주신 사명을 감당하고 주님이 부르시는 그날까지 나의 믿음을 지키기 위해서이다.

"내가 내 몸을 쳐 복종하게 함은 내가 남에게 전파한 후에
자신이 도리어 버림을 당할까 두려워함이로다"(고전 9:27)

하나님과 동행하는 삶을 살려면 균형 잡힌 신앙생활을 해야 한다.

아무리 좋은 인삼, 녹용의 보약을 먹고 건강식품을 먹어도 가끔 먹는 보약과 별미만으로 건강을 유지할 수 없다. 매일 먹는 식사로 건강을 지킬 수 있다.

신앙생활도 마찬가지라고 생각한다.

일주일 한 번 설교로 우리가 온전한 신앙생활을 할 수 없다.

매일 성경을 읽고 말씀 안에 견고히 서서 기도와 찬양과 감사의 생활을 할 때에 주님이 함께하시므로 건전한 신앙인으로 세워진다.

성경을 읽을 때에나 기도를 드릴 때에도 형식이나 습관적으로 하지 말고 시간과 온 마음을 하나님께 헌신하는 하나님이 기뻐 받으시는 제물이 되어야 한다.

이 간증을 읽는 모든 분들이 말씀 안에서 기도 중에 내가 만난 주님을 만나셔서 주님과 동행하며 주님이 주시는 참 평안과 기쁨과 소망과 하늘의 영광을 누리시는 성도들이 되시기를 간절히 바란다.

12

영상선교사로 부르심

2017년 12월 초 전화 한 통이 걸려왔다.

"여보세요? 윤인일 권사님이세요?"

"네. 맞습니다. 누구세요?"

"여기는 기독교 방송국입니다. 영상선교 후원을 부탁드리려고 전화 드렸습니다"

"미안합니다. 저는 바빠서 TV 볼 시간이 없습니다"라고 말하고는 전화를 끊었다.

솔직히 나는 새벽 2-3시면 교회에 나가 기도하고 성경을 읽고 공부하기에 바빠서 TV 보는 것은 시간 낭비라고 생각하고 사는 사람이었다. 그런데 왠지 영상선교 후원이라는 말이 마음에 걸려서 방송국에 다시 전화를 걸었다. 방송국마다 개인에게는 후원 요청 전화를 하지 않는다고 했다. 그래서 그냥 대수롭지 않게 생각하고 넘어갔다.

그런데 이상한 일이 일어났다. 나는 TV를 잘 보지 않는데 뉴스를 보려고 TV를 켜면 일반 방송인데도 어느 방송을 돌려도 화면에 CTS라는 문자가 떴다가 사라졌다. 왜 이런 일이 일어나는 것일까? "CTS에 영상선교를 후원하라"는 하나님의 뜻인가 하는 생각이 들어서 12월 말 CTS 영상선교에 후원을 하게 되었다.

2018년을 맞아 더 많이 기도하고 성경을 더 많이 읽고 헌신하기로 결심하고 "주여! 새해는 내 모든 기도의 소원을 다 이루어 주셔서 내 생에 가장 큰 축복 받는 해가 되게 하소서!" 하는 기도로 새해를 시작했다.

그러나 내가 아무리 결심을 하고 최선을 다해도 내 힘으로 할 수 없는 불가능한 일이 있다. 나는 새벽기도를 하지 않고는 못 사는 사람이다. 매일 차를 운전해 새벽기도를 다니기에 겨울에 눈이 많이 내릴 때는 새벽예배를 가지 못하고 집에서 새벽기도를 할 때가 있다. 올해는 그런 일이 없기를 바라며 "주님 올해는 그런 일이 발생하지 않도록 도와주세요"라고 기도했다.

그런데 내가 우려하던 일이 일어났다. 1월 중순 눈이 와서 3일 동안 새벽기도에 나가지 못하고 집에서 기도를 드렸다.

그런데 갑자기 허리에서부터 오른쪽 발끝까지 아프기 시작했다. 병원에 가서 진찰을 받은 결과 허리협착증이라는 진단을 받고 약을 먹고 치료를 해도 오히려 증세가 더 심해졌다.

이 병원 저 병원 다녀도 더욱 심해져서 누워 있을 수도, 일어나 앉을 수도, 설 수도 없이 통증이 심해지면서 어지럼증이 일어나 새벽 1시에 응급실에 실려 가는 상황이 되고 말았다. 응급치료를 받고 왔는데도 통증은 차도가 없었다.

너무나 속이 상해서 견딜 수가 없었다. 육신의 고통도 참고 견디기 힘들고 어렵지만 새해의 결심이 이렇게 허무하게 무너지게 되었다는 상실감이 나를 더욱 힘들게 했다.

"사람이 마음으로 자기의 길을 계획 할지라도 그의 걸음을 인도하시는 이는 여호와시니라" - 잠 16:9

침대에 누울 수도, 앉을 수도 없어 침대 모서리를 붙들고 엉거주춤하게 서서 처음으로 CTS 방송을 켰다. 방송을 켜는 순간 하나님이 주도하고 계심을 깨달았다.

한 목사님이 '자신의 고통을 낭비하지 말라'는 제목으로 설교하시는데 제목을 듣는 순간 가슴이 뭉클하면서 내 영혼 깊은 곳에서 '하나님이 함께하시니 나는 이길 수 있다'라는 희망이 솟아올랐다. 그래서 '이 고통의 시간을 낭비하면 안돼. 이 고통은 고난이 아니라 하나님이 나에게 새 은혜를 주시는 축복의 기회야'라고 생각하며 침대를 붙들고 "예수의 이름으로 명하노니 악하고 더러운 병마야 떠나가라" 소리치며 기도하기 시작했다.

그날부터 약을 끊고 CTS 방송을 보며 새벽예배를 드리게 되었고 통증도 조금씩 사라지기 시작했다. 그리고 CTS를 보며 새벽예배를 드리다 Calling God이라는 프로그램을 시청하게 되었다. Calling God을 보면서 많은 사람들의 가슴 아픈 기도의 사연들을 들으며 같이 울고 같이 웃고 같이 기도했다.

남보다 더 많은 질병으로 고통을 받아 왔고 많은 세월을 고난 속에서 주님의 은혜로 살아온 나로서는 아픔에 대해서는 누구보다 동병상련을 느낀다. 때문에 나는 절박한 기도의 응답을 사모하는 그들의 간절한 마음에 공감하는 눈물의 중보기도를 할 수 있었다.

날마다 CTS를 보며 새벽예배를 드리고 목사님들의 설교 말씀을 들으면서 기도하는 중에 통증이 사라졌다. 7000 미라클을 시청하면서 CTS가 우리가 할 수 없는 놀라운, 많은 일을 하고 있음을 알게 되었고, CTS 영상선교사로 부르신 하나님의 뜻을 깨닫고 나의 기도의 영역과 견문을 넓혀 주신 하나님의 은혜에 감사하여 나와 두 아들의 이름으로 동판 후원을 하고 날마다 하나님께 감사의 기도를 드린다.

"주여! CTS가 순수복음방송이 되어 주님 오실 그날까지 온 세계 땅끝까지 이르러 영상선교의 사역을 잘 감당하게 하시고 Calling God 프로그램이 장수프로그램이 되어 죄와 질병과 고난이 많은 어두운 세상에서 고통받는 뭇 영혼들을 치유하며 위로하고 구원받는 구원의 방주가 되게 하소서! 경영자와 제작진과 진행자와 기도와 물질로 후원하는 후원자들과 모든 시청자들이 날마다 시간마다 순간마다 주님 만나는 축복의 시간이 되게 하시고 더 많은 후원과 기도의 동역자들을 주소서!"

함께 울고 같이 기도하는 동안 나도 모르는 사이에 20년 넘게 아팠던 오른쪽 등이 치료를 받았다.

나는 1978년 주님을 영접하고 한 달 만에 인격적으로 주님을 만난 그날부터 새벽마다 교회에 나가 몇 시간씩 기도했다. 가난하고 병들고 소외당한 자들과 이 나라와 민족을 위해 교파를 초월하여 이 나라 방방곡곡에 세워진 모든 교회들과 세계선교를 위해 많은 기도를 했다. 그러면서도 기독교 방송이 이렇게 큰일을 하고 있다는 생각은 하지 못했다.

나의 부족하고 연약함을 아시는 하나님께서 새해에 결심한 나의 마음의 소원 '내 인생에서 가장 큰 축복받는 해가 되게 하소서!'라는 기도를 들으시고 CTS 영상선교에 동참하게 하신 것이다. 날마다 말씀과 기도와 찬양으로 충만한 삶을 살 수 있도록 인도하신 하나님께 존귀와 영광과 찬양을 올린다.

나의 갈 길 다가도록 예수 인도하시니 내 주안에 있는
긍휼 어찌 의심하리요 믿음으로 사는 자는 하늘
위로받겠네 무슨 일을 만나든지 만사형통하리라

무슨 일을 만나든지 만사형통하리라

나의 갈길 다가도록 예수 인도하시니 어려운 일 당한
때도 족한 은혜주시네 나는 심히 고단하고 영혼
매우 갈하나 나의 앞에 반석에서 샘물 나게 하시네
나의 앞에 반석에서 샘물 나게 하시네

나의 갈길 다가도록 예수 인도하시니 그의 사랑 어찌
큰지 말로 할 수 없도다 성령 감화받은 영혼 하늘나라
갈때에 영영 부를 나의 찬송 예수 인도하셨네
영영 부를 나의 찬송 예수 인도하셨네

13

경건의 모양은 있으나

그동안 나는 새벽기도 때문에 많은 박해를 받았다.

수원에서 오산으로 이사했기에 본교회로 운전하고 새벽예배를 가기가 멀어 주변에 있는 교회에 나가 새벽예배를 드리게 되었다. 그런데 그때마다 처음에는 친절하게 자기 교회에 등록하라고 권하다가 등록을 하지 않으면 드러내놓고 박해를 했다. 마음이 불편해서 다른 교회로 옮겼는데 그 교회도 사정은 다르지 않았다.

어느 날 새벽 일찍 나가서 기도를 하고 있는데 그 교회에서 가장 전도를 많이 한다는 권사님과 또 다른 권사님이 들어오더니 한 권사님이 나에게 이야기 좀 하자고 했다. 기도시간을 빼앗기고 싶지 않아 계속 기도를 하는데 같이 들어왔던 그 교회에서 가장 전도를 많이 한다고 하는 권사님이 나에게 소리를 지르면서 "권사님, 할 말이 있다고 하잖아요"라며 큰 소리로 떠들었다.

"용건이 있으면 예배 마치고 봅시다. 가서 기도하세요" 하고 보냈다. 예배를 마치고 할 말이 무엇이냐고 물었더니 "내가 기도하는데 하나님이 권사님 우리 교회 등록하라고 하셨어요. 권사님 교회 목사님은 영권이 없대요. 그래서 그 교회에 있으면 자식들이 복을 못 받는대요. 우리 목사님은 얼마나 마음이 깨끗하신지 하나님이 인정하신 능력 있는 목사님이라 우리 교회 등록하면 큰 복을 받는대요. 우리 교회 등록하세요"라고 말했다.

너무나 황당해서 웃으면서 "O 권사님이 보낸 거 알고 있어요. 권사님이 기도하는 사람이라면 사람의 종이 되지 말고 하나님의 진리 안에서 하나님의 뜻을 행하셔야지 하나님께 기도드리는 그 귀한 시간에 하나님을 두려워하는 마음도 경외하는 마음도 없이 기도를 방해하는 권사님이 기도하는 사람입니까? 성경 말씀에 "너희는 값으로 사신 것이니 사람들의 종이 되지 말라"(고전 7:23)고 하셨는데 진리를 막아 불순종하게 하는 사람의 종이 되어 죄를 범하고 있잖아요. 사람과 대화를 나누고 있을지라도 예의 있는 사람은 가로막지 아니하거든 하물며 전능하신 하나님과의 대화를 가로막는 권사님이 거짓말하고 있잖아요. 권사님은 나에게 거짓말하는 게 아니라 하나님 앞에서 거짓말하고 있어요. 예수 그리스도를 믿는 사람이라면 교파와 교회를 초월해서 하나님 안에서 하나 되어 서로 사랑하고 주님 나라와 그의 의를 이루기 위해 협력하여 선을 이루어 가는 것이 하나님의 뜻이라는 것을 깨닫고 서로 존중해 주는 것이 성도들의 도리일진데 이 교회 등록하지 않는다고 새벽기도를 나오지 못하게 하는 것이 진정 은혜받은 권사님이 할 도리입니까? 예수님께서 말씀하시기를 내 집은 만민이 기도하는 집이라고 하셨습니다. O 권사님에게 전하세요. 로마서에 "내가 그리스도의 이름을 부르는 곳에는 복음을 전하지 않기를 힘썼노니 이는 남의 터 위에 건축하지 아니하려 함이라 주의 소식을 받지 못한 자들이 볼 것이요 듣지 못한 자들이 깨달으리라"(롬 15:20-21)라고 기록되었으니 사람들에게 인정받기 위해 믿는 사람을 내 교회에 등록시키려고 죄짓지 말고 불신자들에게 복음 전하라고."

그 권사님은 내가 새벽예배에 나온 첫날부터 자기가 새 가족 위원장으로 교회에서 전도를 가장 많이 한다고 자랑하면서 "우리 교회 등록하라"고 권유했다. 등록하지 않고 두 달이 지났다. 그러자 혈기를 부리며 "우리 교회에 등록하지 않으려면 당신 교회로 가고 우리 교회 새벽기도에 나오지 말라"고 혈기를 부리며 막말을 했다.

그 권사님은 새 가족 위원장으로 그 교회에서 가장 전도를 많이 해서 해마다 전도상을 받는다고 했다. 참 안타까운 일이다. 하나님께 열심히 있으나 올바른 지식을 따르지 못하고, 하나님의 의를 모르고, 사람들에게 인정받기 위해 자기 의를 세우려고 하나님의 의에 복종하지 않는, 경건의 모양은 있으나 경건의 능력을 힘입지 못한 사람이었다. 의외로 중직자 중에 이런 사람이 많다.

한국 교회의 가장 큰 병폐가 교파와 우리 교회주의에 빠져 남이 안 되는 때에도 우리 교회만 잘 되면 되고 나만 잘 되면 된다는 성도들의 이기심이 하나님의 마음을 아프게 하고 있다. 우리는 국경과 교파와 교회를 초월하여 하나님 나라가 이 땅 위에 이루어지도록 기도해야 한다.

그 후부터 나를 바라보는 성도들의 시선이 더욱 차가웠다. 박해를 받으면서도 새벽기도를 하지 않고는 살 수 없어 매일 새벽기도에 나갔지만 마음이 편치 않았다. 사람들 눈치 보지 않고 마음 편하게 새벽예배를 드리고 싶은 마음이 간절했다.

나의 간절함을 아시는 하나님이 영상을 통하여 집에서도 마음껏 새벽예배를 드리고 날마다 말씀과 기도와 찬양으로 충만한 삶을 살아가도록 인도하심에 하나님께 감사와 찬양으로 영광을 올려드린다.

본 교회가 멀어 새벽예배에 참석하기 어렵고 주변에 있는 교회에 나가는 것이 마음에 부담이 되어 새벽기도를 쉬고 있는 성도들이 있다면 영상을 통하여 새벽예배를 회복하시고 날마다 진리 안에서 성령 충만한 성도들이 되시기를 권한다.

말씀 붙들고 기도해야 할 마지막 때

끝으로 너희가 주 안에서와 그 힘의 능력으로 강건하여지고 마귀의 간계를 능히 대적하기 위하여 하나님의 전신 갑주를 입으라 우리의 씨름은 혈과 육을 상대하는 것이 아니요 통치자들과 권세들과 이 어둠의 세상 주관자들과 하늘에 있는 악의 영들을 상대함이라 그러므로 하나님의 전신 갑주를 취하라 이는 악한 날에 너희가 능히 대적하고 모든 일을 행한 후에 서기 위함이라 그런즉 서서 진리로 너희 허리띠를 띠고 의의 호심경을 붙이고 평안의 복음이 준비한 것으로 신을 신고 모든 것 위에 믿음의 방패를 가지고 이로써 능히 악한 자의 모든 불화살을 소멸하고 구원의 투구와 성령의 검 곧 하나님의 말씀을 가지라 모든 기도와 간구를 하되 항상 성령 안에서 기도하고 이를 위하여 깨어 구하기를 항상 힘쓰며 여러 성도를 위하여 구하라"(엡 6:10-18)

아무리 시대가 변하여 천지가 없어진다 할지라도 하나님의 말씀은 불변의 진리이며, 오늘날 우리의 생활 속에서도 성경 66권 안에서 행하셨던 기적과 이적과 오병이어의 축복을 행하시는 살아 계신 하나님의 생명의 말씀 능력의 말씀이라는 진리를 깨달아, 주위 환경에 지배받는 어리석은 성도가 되지 말고 오직 우리들의 신앙의 주체가 되신 유일하신 하나님의 능력을 힘입어 환경을 다스리는 성도들이 되시기를 바란다.

성경은 신화나 소설이 아니요 이스라엘 민족의 역사의 이야기만도 아니다.

성경은 태초에 하나님과 함께 계셔서 말씀으로 우주와 만물을 창조하신 하나님의 아들 예수 그리스도께서 만세전에 하나님이 계획하신 인류구원의 섭리의 성취를 이루시기 위하여 말씀이 육신이 되어 이 땅에 오셔서 우리의 죄를 대속하시고 십자가에 고난당하시고 죽으셨다가 3일 만에 사망권세 이기고 부활하심을 증언하는 것이다.

21세기는 "주 여호와의 말씀 이니라 보라 날이 이를지라 내가 기근을 땅에 보내리니 양식이 없어 주림이 아니며 물이 없어 갈함이 아니요 여호와의 말씀을 듣지 못한 기갈이라"(암 8:11)고 기록된 말씀과 같이 심히 영적으로 혼란하고 무질서한 시대요, 영적으로 깨어 기도와 말씀으로 무장해야 할 마지막 때라고 생각한다.

"만물의 마지막이 가까이 왔으니 그러므로 너희는 정신을 차리고 근신

하여 기도하라"(벧전 4:7) 는 말씀처럼 무시로 성령 안에서 기도와 도고와 감사의 기도를 하되 특별히 어려운 시대에 이 나라 방방곡곡에 주님의 피 값으로 세워진 모든 교회가 교파를 초월하여 하나님의 말씀으로 하나 되어 주님 나라와 주님의 의를 위하여 이 나라와 이 민족의 구원을 위하여 온 인류 구원의 섭리의 성취를 위하여 기도하고 이 나라에 하나님의 창조의 섭리를 거역하는 악법이 제정 되지 않고 하나님의 말씀이 이 나라의 법이 되어 나라가 바로 세워져서 온 국민이 안정되고 평안한 삶을 살 수 있는 정의가 실현 되는 나라, 어떤 강대국도 터치할 수 없는 하나님이 통치하시는 나라가 되기를 위해기도 해야 할 때입니다. 또한 어려운 시대에 목회하시는 목회자들과 이 나라의 청년들과 청소년들 우리의 자녀들을 위하여 많은 기도를 해야 할 때라고 생각합니다.

기도의 응답이 더디다고 조급하여 낙심치 말고 성실한 믿음과 마음으로 엘리야처럼 인내의 기도를 해야 한다.
"엘리야는 우리와 성정이 같은 사람이로되 그가 비가 오지 않기를 간절히 기도한즉 삼 년 육 개월 동안 땅에 비가 오지 아니하고 다시 기도하니 하늘이 비를 주고 땅이 열매를 맺었느니라"(약 5:17-18)

유다의 왕 아사는 백만 대군을 이끌고 유다를 치려온 구스 사람 세라의 군대를 기도로 물리쳤다
"아사가 그의 하나님 여호와께 부르짖어 이르되 여호와여 힘이 강한

자와 약한 자 사이에는 주밖에 도와줄 이가 없사오니 우리 하나님 여호와여 우리를 도우소서 우리가 주를 의지하오며 주의 이름을 의탁하옵고 이 많은 무리를 치러 왔나이다 여호와여 주는 우리 하나님이시오니 원하건대 사람이 주를 이기지 못하게 하옵소서 하였더니 여호와께서 구스 사람들을 아사와 유다 사람들 앞에서 치시니 구스 사람들이 도망하는지라 아사와 그와 함께한 백성이 구스 사람들을 추격하여 그랄까지 이르매 이에 구스 사람들이 엎드러지고 살아남은 자가 없었으니 이는 여호와 앞에서와 그의 군대 앞에서 패망하였음이라 노략한 물건이 매우 많았더라"– 대하 14:11-13

유다 왕 히스기야가 병들어 죽게 되었을 때에 그가 하나님께 기도하므로 하나님이 그의 눈물의 기도를 들으시고 그를 고쳐 주시고 생명을 15년 더해 주셨다. 힘없고 연약한 사람도 기도하면 세상이 감당할 수 없는 능력의 사람이 될 수 있다. 광야 같은 세상에서 도울 힘이 없는 인간을 의지하지 말고 하나님을 믿고 의지하는 기도의 사람들이 되시기를 힘쓰기 바란다.

하나님은 기도하는 한 사람을 사용하셔서 사람이 할 수 없는, 세상을 바꾸시는 기적을 행하시는 전지전능하신 능력의 하나님이시다. 응답이 없다고 하나님이 못 들으신 것이 아니다. 하나님은 모든 기도를 들으시고 응답하시되, 하나님의 섭리 안에서 가장 적절한 때에 가장 좋은 방법으로 응답하신다.

축복받은 자라고 기도할 때마다 신속한 응답을 받는 것은 아니다. 나는 그 누구보다 하나님의 특별한 은총을 많이 받은 자라고 자부한다. 그렇게 많은 기도의 응답을 받았지만 내 남편은 그 영혼 구원을 위해 기도한 지 30년 만에 주님을 영접하고 하늘나라에 가셨다.

영혼 구원은 인간의 수고나 인간의 능력으로 얻는 것이 아니라 오직 주님이 흘리신 보혈의 능력으로만 얻을 수 있다. 하나님께서 이끌지 아니하면 하나님께로 올 자가 없다는 진리를 깨달아 한 생명을 천하보다 귀하게 여기시는 하나님의 긍휼하심을 믿고 겸손한 마음으로 주님을 의지하여 기도해야 한다.

그러므로 성도 여러분, 온전한 축복의 승리자가 되기 위하여 어떠한 환경과 역경 속에서도 흔들리지 말고 하나님의 말씀 안에 견고히 서서 날마다 말씀을 묵상하고 말씀을 붙잡고 기도해 경건의 능력에 힘입는 성도들이 되어야 한다. 또한 주님의 말씀에 순종하며 십일조와 감사의 제단 쌓기를 즐거워해야 한다.

"오직 너희를 위하여 보물을 하늘에 쌓아 두라 거기는 좀이나 동록이
  해하지 못하며 도둑이 구멍을 뚫지도 못하고 도둑질도 못하느니라
  네 보물이 있는 그곳에는 네 마음도 있느니라" - 마 6:20-21
주 안에서 우리의 수고와 사랑과 정성이 결코 헛되지 아니함을 너무나 많이 체험했기에 확신을 갖고 강권한다.

내가 전도 받고 교회에 나가 한 달 만에 인격적으로 주님을 만난 후 얼마나 많은 영적 체험을 하며 주님이 주시는 참 평강과 기쁨 안에서 천국 소망을 바라보며 성령 충만한 삶을 살았는지 하나님은 아신다. 그러나 물질의 축복은 없었다. 한참 후 남편이 안정된 직장생활을 하게 되어 그때부터 십일조를 드리게 되었다.

내 형편과 마음의 생각을 아시는 주님께서 나의 작은 정성을 받으시고 그때부터 나의 모든 필요를 채워주시고 내 통장과 지갑에 돈이 떨어지지 않는 복을 주시고 더 큰 복을 주시기 위해 준비하게 하시고 가장 적절한 때에 월 수천만 원의 순수익이 발생하는 사업도 허락하셨다.

"만군의 여호와가 이르노라 너희의 온전한 십일조를 창고에 들여 나의 집에 양식이 있게 하고 그것으로 나를 시험하여 내가 하늘 문을 열고 너희에게 복을 쌓을 곳이 없도록 붓지 아니하나 보라" - 말 3:10

나는 태어나면서부터 선천성 심장판막증과 신경쇠약이라는 병을 갖고 태어나 강보에 쌓여서부터 투병 생활을 시작했다. 성장하는 과정에서 여러 가지 병들로 고통 속에서 자랐다. 그런 와중에도 '공부벌레'라는 별명이 붙을 만큼 공부에 미친 사람이었다. 그러나 가난한 집안 형편 때문에 공부를 할 수 없었다. 어린 시절 나의 꿈이 내 일생 마음껏 공부하며 사는 것이었다.

30세에 주님이 나를 불러주시고 모든 병을 고쳐주시고 그 꿈을 다 이루어 주셔서 지금은 다른 사람이 누리지 못하는 하늘의 영광을 누리며, 자식을 통하여 하나님이 주신 시대적인 모든 복을 누리며, 내가 좋아하는 공부를 마음껏 하며 날마다 주님 앞에 감사와 존귀와 영광과 찬양을 올려드리는 삶을 살고 있다. 이 모든 것이 주님의 은혜가 아니면 어찌 내가 이런 복을 누릴 수 있을까?

내가 자식들에게 해준 것은 말씀과 기도로 양육한 것뿐인데 내 아들은 자신을 위해서는 알뜰하게 절약을 하면서도 엄마인 나를 위해서는 무엇이든지 가장 좋은 것으로 해주고 싶어 하고 4천만 원이 넘는 차를 사주면서도 받는 나보다 더 좋아한다. 아들의 그 마음은 주님이 주신 것이라는 걸 나는 안다.

내 아들은 부자가 아니다. 근검절약하며 검소한 생활을 실천하는 평범한 사람이다. 그러나 엄마를 위한 것이라면 큰돈도 아끼지 않고 기쁜 마음으로 쓸 줄 아는 효자다. 금식기도원에 다녀온 후 아들은 내가 타던 차를 타고 나에게는 새 차를 사주었다. 그리고 8년이 지난 후 또다시 내가 타던 차를 아들이 타고 내게는 최신형으로 모든 옵션이 갖춰진 더 좋은 차를 사주었다.

나는 내가 타던 차를 그대로 탈테니 새 차는 아들이 타라고 했지만 아들은 "제가 좋아서 해드리는 것이니 어머니는 마음껏 즐기시며 건강하게 사세요. 어머니와 함께 누리는 것이 행복이

지 어머니 안 계시면 세상 부귀영화가 무슨 의미가 있겠어요"
라며 그저 기쁘게 받으라고 한다. 이 모든 축복이 눈물의 기도
를 받으신 주님의 은혜다. 그러므로 성도들은 오래 참고 기다
리며 기도의 줄을 놓지 말고 끝까지 인내해야 한다.

"보라 인내하는 자를 우리가 복되다 하나니 너희가 욥의 인내를 들었
고 주께서 주신 결말을 보았거니와 주는 가장 자비하시고 긍휼히 여
기시는 이시니라"– 약 5:11

"너희의 인내로 너희 영혼을 얻으리라"– 눅 21:19

하나님의 섭리 안에서 성도들이 받는 시련과 연단은 성도들
의 믿음을 성숙하게 할 뿐만 아니라 우리들의 삶을 풍요롭게
하며 주님이 재림하실 때에 주님의 영광에 동참하여 기뻐하며
즐거워하게 하려고 내리신 하나님의 뜻이기 때문입니다.

"사랑하는 자들아 너희를 시험하려고 오는 불 시험을 이상한 일 당하
는 것같이 이상히 여기지 말고 오직 너희가 그리스도의 고난에 참예
하는 것으로 즐거워하라 이는 그의 영광을 나타내실 때에 너희로 즐
거워하고 기뻐하게 하려 함이라"– 벧전 5:12

15
너희는 때를 얻든지 못 얻든지 말씀을 전파하라

우리 성도들은 전도를 해야 한다. 전도는 하나님의 명령이요 하나님이 기뻐하시는 일이기 때문이다.

"하나님은 모든 사람이 구원을 받으며 진리를 아는데 이르기를 원하시느니라"- 딤전 2:4

그러므로 성도들은 때를 얻든지 못 얻든지 항상 전도를 위하여 기도하며 힘써야 한다. 전도는 인간이 하는 것이 아니라 성령께서 하시므로 열매 맺는 일은 성령께 맡기고 성도들은 먼저 기도하고 전도를 해야 한다.

"너는 말씀을 전파하라 때를 얻든지 못 얻든지 항상 힘쓰라 범사에 오래 참음과 가르침으로 경책하며 경계하며 권하라"- 딤후 4:2

믿는 자들은 복음의 빚진 자들이다. 그러므로 복음을 전할 의무가 있다.

에스겔 33장 1-9절에 기록된 말씀을 보면 "파수꾼이 그 땅에 칼이 임하는 것을 보고도 나팔을 불지 않아 그 백성 중에서 한 사람이라도 제함을 당하면 파수꾼이 나팔을 불지 않아 경비를 하지 못하여 생명을 잃었은즉 파수꾼의 손에서 그 피 값을 찾을 것이요, 파수꾼이 나팔을 불어 경고하였으나 그 백성이 듣지 않아 제함을 당하면 그 백성이 경고를 듣고도 경비하지 않아 제함을 당하였은즉 파수군은 재앙을 면하리라"는 말씀이 기록되어 있다.

먼저 택함을 입은 성도들이 천국과 지옥이 있는 것을 알면서도 전도하지 않으면 심판을 면치 못한다는 경고의 말씀이다. 그러므로 성도들은 복음의 나팔을 불어야 한다. 성도들은 만사를 하나님께 맡기고 하나님의 존재하심을 믿고 의지하는 삶을 살아야 한다.

"믿음이 없이는 기쁘시게 못 하나니 하나님께 나아가는 자는 반드시 그가 계신 것과 또한 그가 자기를 찾는 자들에게 상 주시는 이심을 믿어야 할지니라" - 히 11:6

여호와를 찾는 자들에게 상 주시기를 기뻐하시는 하나님을 믿고 의지하는 자들은 가장 바르고 복된 인생을 산 자들이다. 성경에 기록된 말씀을 보면 주님을 믿고 의지하는 것이 금이나 은보다 더 귀하고, 하나님의 은총을 받는 것은 재물이나 명예를 얻는 것보다 귀하다고 기록되어 있다.

괴로움과 죄 많은 세상에서 예수 그리스도는 믿는 자들의 기쁨과 소망과 생명이 되시며 우리들의 구세주가 되신다. 은총을 입은 성도들이여, 예수 그리스도를 믿고 의지하는 것이 세상에서 가장 고귀한 일이라는 진리를 깨달아 그리스도를 위하여 고난 당하는 것을 부끄러워하지 말고, 주님의 고난에 동참하는 것을 영광스럽게 여기고 죽도록 충성하시기를 바랍니다.

마음을 다하고 성품을 다하여 죽도록 충성하는 성도들이 되셔서 생명의 면류관을 받으시고, 행한 대로 갚아주시는 하나님 앞에서 상급 받는 성도들이 되시기를 바랍니다.

"네가 죽도록 충성하라 그리하면 내가 생명의 면류관을 네게 주리라"

- 계 2:10

지금까지 나를 인도하신 주님께
모든 영광 올려드립니다.
영광 받아주소서 !

- 지은이 윤인일

말씀으로 무장하기

왜 성경을 읽어야 하나?

"모든 성경은 하나님의 감동으로 된 것으로 교훈과 책망과 바르게 함과 의로 교육하기에 유익하니 이는 하나님의 사람으로 온전하게 하며 모든 선한 일을 행할 능력을 갖추게 하려 함이라"– 딤후 3:16-17

"여호와의 율법은 완전하여 영혼을 소성시키며 여호와의 증거는 확실하여 우둔한 자를 지혜롭게 하며 여호와의 교훈은 정직하여 마음을 기쁘게 하고 여호와의 계명은 순결하여 눈을 밝게 하시도다 여호와를 경외하는 도는 정결하여 영원까지 이르고 여호와의 법도 진실하여 다 의로우니 금 곧 많은 순금보다 더 사모할 것이며 꿀과 송이 꿀보다 더 달도다"– 시 19:7-10

"주의 말씀은 내 발에 등이요 내 길에 빛이니이다"– 시 119:105

"이 율법 책을 네 입에서 떠나지 말게 하며 주야로 그것을 묵상하여 그 안에 기록된 대로 다 지켜 행하라 그리하면 네 길이 평탄하게 될 것이며 네가 형통하리라 내가 네게 명령한 것이 아니냐 강하고 담대하라 두려워하지 말며 놀라지 말라 네가 어디로 가든지 네 하나님 여호와가 너와 함께 하느니라 하시니라"- 수 1:8-9

왜 찬송을 불러야 하나?

"이 백성은 내가 나를 위하여 지었나니 나를 찬송하게 하려 함이니라" - 사 43:21

"이스라엘의 찬송 중에 계시는 주여 주는 거룩하시니이다"- 시 22:3

"내가 노래로 하나님의 이름을 찬송하며 감사함으로 하나님을 위대하시다 하리니 이것이 소 곧 뿔과 굽이 있는 황소를 드림보다 여호와를 더욱 기쁘시게 함이 될 것이라"- 시편 69:30-31

"그 노래와 찬송이 시작될 때에 여호와께서 복병을 두어 유다를 치러 온 암몬 자손과 모압과 세일산 주민들을 치게 하시므로 그들이 패하였으니 곧 암몬과 모압 자손이 일어나 세일산 주민들을 쳐서 진멸하고 세일 주민들을 멸한 후에 그들이 서로 쳐 죽였더라 유다 사람이 들 망대에 이르러 그 무리를 본즉 땅에 엎드러진 시체들뿐이요 한 사람도 피한 자가 없는지라 여호사밧과 그의 백성이 가서 적군의 물건을 탈취할새 본즉 그 가운데에 재물과 의복과 보물이 많이 있으므로 각기 탈취하는데 그 물건이 너무 많아 능히 가져갈 수 없을 만큼 많으므로 사흘 동안에 거두어들이고" - 역대하 20:22-25

왜 새벽예배를 드려야 하나?

"새벽 아직도 밝기 전에 예수께서 일어나 나가 한적한 곳으로 가사 거기서 기도하시더니" - 막 1:35

"하나님이 그 성 중에 계시매 성이 흔들리지 아니할 것이라 새벽에 하나님이 도우시리로다" - 시 46:5

"새벽에 여호와께서 불과 구름 기둥 가운데서 애굽 군대를 보시고 애굽 군대를 어지럽게 하시며" - 출 14:24

"모세가 곧 손을 바다 위로 내밀매 새벽이 되어 바다의 힘이 회복된지라 애굽 사람들이 물을 거슬러 도망하나 여호와께서 애굽 사람들을 바다 가운데 엎으시니" - 출 14:27

"일곱째 날 새벽에 그들이 일찍이 일어나서 전과 같은 방식으로 그 성을 일곱 번 도니 그 성을 일곱 번 돌기는 그 날뿐이었더라" - 수 6:15

"내가 또 그에게 새벽 별을 주리라" – 계 2:28

"나 예수는 교회들을 위하여 내 사자를 보내어 이것들을 너희에게 증언하게 하였노라 나는 다윗의 뿌리요 자손이니 곧 광명한 새벽 별이라 하시더라" – 계 22:16

"안식일이 다 지나고 안식 후 첫날이 되려는 새벽에 막달라 마리아와 다른 마리아가 무덤을 보려고 갔더니 큰 지진이 나며 주의 천사가 하늘로부터 내려와 돌을 굴려 내고 그 위에 앉았는데 그 형상이 번개 같고 그 옷은 눈 같이 희거늘 지키던 자들이 그를 무서워하여 떨며 죽은 사람과 같이 되었더라 천사가 여자들에게 말하여 이르되 너희는 무서워하지 말라 십자가에 못 박히신 예수를 너희가 찾는 줄을 내가 아노라 그가 여기 계시지 않고 그가 말씀 하시던 대로 살아나셨느니라 와서 그가 누우셨던 곳을 보라" – 마 28:1-6

우리를 향하신 하나님의 뜻

"여호와의 말씀이니라 너희를 향한 나의 생각을 내가 아나니 평안이요 재앙이 아니니라 너희에게 미래와 희망을 주는 것이니라" – 렘 29:11

"항상 기뻐하라 쉬지 말고 기도하라 범사에 감사하라 이것이 그리스

도 예수 안에서 너희를 향하신 하나님의 뜻이니라"- 살전 5:16-18

"나는 인애를 원하고 제사를 원하지 아니하며 번제보다 하나님을 아는 것을 원하노라"- 호 6:6

"너희는 이 세대를 본받지 말고 오직 마음을 새롭게 함으로 변화를 받아 하나님의 선하시고 기뻐하시고 온전하신 뜻이 무엇인지 분별하도록 하라"- 롬 12:2

"너희 안에서 행하시는 이는 하나님이시니 자기의 기쁘신 뜻을 위하여 너희에게 소원을 두고 행하게 하시나니"- 빌 2:13

"하나님은 모든 사람이 구원을 받으며 진리를 아는 데에 이르기를 원하시느니라"- 딤전 2:4

하나님이 기뻐하시는 일

"자랑하는 자는 이것으로 자랑할지니 곧 명철하여 나를 아는 것과 나 여호와는 사랑과 정의와 공의를 땅에 행하는 자인 줄 깨닫는 것이라 나는 이 일을 기뻐하노라 여호와의 말씀이니라"- 렘 9:24

"여호와는 자기를 경외하는 자들과 그의 인자하심을 바라는 자들을

기뻐하시는도다" - 시 147:11

"공의와 정의를 행하는 것은 제사 드리는 것보다 여호와께서 기쁘게 여기시느니라"- 잠 21:3

"사람의 행위가 여호와를 기쁘시게 하면 그 사람의 원수라도 그와 더불어 화목하게 하시느니라"- 잠 16:7

자식을 위하여 말씀을 가르치며 기도하라

"오늘 내가 네게 명하는 이 말씀을 너는 마음에 새기고 네 자녀에게 부지런히 가르치며 집에 앉았을 때에든지 길을 갈 때에든지 누워 있을 때에든지 일어날 때에든지 이 말씀을 강론할 것이며"- 신 6:6-7

"초저녁에 일어나 부르짖을 지어다 네 마음을 주의 얼굴 앞에 물 쏟듯 할 지어다 각 길 어귀에서 주려 기진한 네 어린 자녀들의 생명을 위하여 주를 향하여 손을 들지어다" - 애 2:19

복을 주리니 내게 구하라

"너는 내게 부르짖으라 내가 네게 응답하겠고 네가 알지 못하는 크고 은밀한 일을 네게 보이리라" - 렘 33:3

"내게 구하라 내가 이방 나라를 네 유업으로 주리니 네 소유가 땅 끝 가지 이르리로다" - 시 2:8

"환난 날에 나를 부르라 내가 너를 건지리니 네가 나를 영화롭게 하리로다" - 시 50:15

"내 이름으로 무엇이든지 내게 구하면 내가 행하리라" - 요 14:14
"너희가 내 안에 거하고 내 말이 너희 안에 거하면 무엇이든지 원하는 대로 구하라 그리하면 이루리라" - 요 15:7

"너희가 기도할 때에 무엇이든지 믿고 구하는 것은 다 받으리라 하시니라" - 마 21:22

"그러므로 내가 너희에게 말하노니 무엇이든지 기도하고 구하는 것은 받은 줄로 믿으라 그리하면 너희에게 그대로 되리라" - 막 11:24

"구하는 이마다 받을 것이요 찾는 이는 찾아낼 것이요 두드리는 이에게는 열릴 것이니라" - 눅 11:10

"여호와의 말씀에 내 삶을 두고 맹세하노라 너희 말이 내 귀에 들린 대로 내가 너희에게 행하리니"- 민 14:28

왜 성령을 받아야 하나?

"이와 같이 성령도 우리의 연약함을 도우시나니 우리는 마땅히 기도할 바를 알지 못하나 오직 성령이 말할 수 없는 탄식으로 우리를 위하여 친히 간구하시느니라 마음을 살피시는 이가 성령의 생각을 아시나니 이는 성령이 하나님의 뜻대로 성도를 위하여 간구하심이니라" - 롬 8:26-27

"보혜사 곧 아버지께서 내 이름으로 보내실 성령 그가 너희에게 모든 것을 가르치고 내가 너희에게 말한 모든 것을 생각나게 하리라"- 요 14:26

"그러나 진리의 성령이 오시면 그가 너희를 모든 진리 가운데로 인도하시리니 그가 스스로 말하지 않고 오직 들은 것을 말하며 장래 일을 너희에게 알리시리라"- 요 16:13

"오직 성령이 너희에게 임하시면 너희가 권능을 받고 예루살렘과 온 유대와 사마리아와 땅끝까지 이르러 내 증인이 되리라 하시니라"- 행 1:8

"기록된 바 하나님이 자기를 사랑하는 자들을 위하여 예비하신 모든 것은 눈으로 보지 못하고 귀로 듣지 못하고 사람의 마음으로 생각하지도 못하였다 함과 같으니라 오직 하나님이 성령으로 이것을 우리에게 보이셨으니 성령은 모든 것 곧 하나님의 깊은 것까지도 통달하시느니라 사람의 일을 사람의 속에 있는 영 외에 누가 알리요 이와 같이 하나님의 일도 하나님의 영 외에는 아무도 알지 못하느니라 우리가 세상의 영을 받지 아니하고 오직 하나님으로부터 온 영을 받았으니 이는 우리로 하여금 하나님께서 우리에게 은혜로 주신 것들을 알게 하려 하심이라 우리가 이것을 말하거니와 사람의 지혜가 가르친 말로 아니하고 오직 성령께서 가르치신 것으로 하니 영적인 일은 영적인 것으로 분별하느니라 육에 속한 사람은 하나님의 성령의 일들을 받지 아니하나니 이는 그것들이 그에게는 어리석게 보임이요 또 그는 그것들을 알 수도 없나니 그러한 일은 영적으로 분별되기 때문이라" - 고전 2:9-14

하나님이 기뻐하시는 금식기도의 능력

"내가 기뻐하는 금식은 흉악의 결박을 풀어주며 멍에의 줄을 끌러 주며 압제당하는 자를 자유하게 하며 모든 멍에를 꺾는 것이 아니겠느냐" - 사 58:6

"여호와의 말씀에 너희는 이제라도 금식하고 울며 애통하고 마음을 다하여 내게로 돌아오라 하셨나니 너희는 옷을 찢지 말고 마음을 찢고 너희 하나님 여호와께로 돌아올지어다 그는 은혜로우시며 자비로우시며 노하기를 더디하시며 인애가 크시사 뜻을 돌이켜 재앙을 내리지 아니하시나니 주께서 혹시 마음과 뜻을 돌이키시고 그 뒤에 복을 내리사 너희 하나님 여호와께 소제와 전제를 드리게 하지 아니하실는지 누가 알겠느냐" - 욜 2:12-14

"만군의 여호와가 이같이 말하노라 넷째 달의 금식과 다섯째 달의 금식과 일곱째 달의 금식과 열째 달의 금식이 변하여 유다 족속에게 기쁨과 즐거움과 희락의 절기들이 되리니 오직 너희는 진리와 화평을 사랑할지니라" - 슥 8:19

"그때에 나 다니엘이 세 이레 동안을 슬퍼하며 세 이레가 차기까지 좋은 떡을 먹지 아니하며 고기와 포도주를 입에 대지 아니하며 또 기름을 바르지 아니하니라" - 단 10:2-3

"그가 내게 이르되 다니엘아 두려워하지 말라 네가 깨달으려 하여 네 하나님 앞에 스스로 겸비하게 하기로 결심하던 첫날부터 네 말이 응답받았으므로 내가 네 말로 말미암아 왔느니라" - 단 10:12

여호와(하나님)를 신뢰하라

"주께서 심지가 견고한 자를 평강하고 평강하도록 지키시리니 이는 그가 주를 신뢰함이니이다" – 사 26:3

"백성들아 시시로 그를 의지하고 그의 앞에 마음을 토하라 하나님은 우리의 피난처시로다" – 시 62:8

"너는 마음을 다하여 여호와를 신뢰하고 네 명철을 의지하지 말라" – 잠 3:5

"마음의 경영은 사람에게 있어도 말의 응답은 여호와께로부터 나오느니라" – 잠 16:1

"너의 행사를 여호와께 맡기라 그리하면 네가 경영하는 것이 이루어지리라" – 잠 16:3

"사람이 마음으로 자기의 길을 계획할지라도 그의 걸음을 인도하시는 이는 여호와시니라" – 잠 16:9

"제비는 사람이 뽑으나 모든 일을 작정하기는 여호와께 있느니라" – 잠 16:33

"주권자에게 은혜를 구하는 자가 많으나 사람의 일의 작정은 여호와께로 말미암느니라" - 잠 29:26

하나님의 말씀은 능하지 못한 일이 없다

"여호와께 능하지 못한 일이 있겠느냐 기한이 이를 때에 내가 네게로 돌아오리니 사라에게 아들이 있으리라" - 창 18:14

"하나님은 사람이 아니시니 거짓말을 하지 않으시고 인생이 아니시니 후회가 없으시도다 어찌 그 말씀하신 바를 행하지 않으시며 하신 말씀을 실행하지 않으시랴" - 민 23:19

"나는 여호와요 모든 육체의 하나님이라 내게 할 수 없는 일이 있겠느냐" - 렘 32:27

"대저 하나님의 모든 말씀은 능하지 못하심이 없느니라" - 눅 1:37

"이르시되 무릇 사람이 할 수 없는 것을 하나님은 하실 수 있느니라" - 눅 18:27

"예수께서 그들을 보시며 이르시되 사람으로는 할 수 없으나 하나님으로서는 다 하실 수 있느니라" - 마 19:26

성경에서 말하는 복 있는 자

"이 예언의 말씀을 읽는 자와 듣는 자와 그 가운데에 기록한 것을 지키는 자는 복이 있나니 때가 가까움이라" - 계 1:3

"복 있는 사람은 악인들의 꾀를 따르지 아니하며 죄인들의 길에 서지 아니하며 오만한 자들의 자리에 앉지 아니하고 오직 여호와의 율법을 즐거워하여 그의 율법을 주야로 묵상하는도다 그는 시냇가에 심은 나무가 철을 따라 열매를 맺으며 그 잎사귀가 마르지 아니함 같으니 그가 하는 모든 일이 다 형통하리로다" - 시 1:1-3

"허물의 사함을 받고 자신의 죄가 가려진 자는 복이 있도다" - 시 32:1

"마음에 간사함이 없고 여호와께 정죄를 당하지 아니하는 자는 복이 있도다" - 시 32:2

"여호와를 자기 하나님으로 삼은 나라 곧 하나님의 기업으로 선택된 백성은 복이 있도다" - 시 33:12

"가난한 자를 보살피는 자에게 복이 있음이여 재앙의 날에 여호와께서 그를 건지시리로다" - 시 41:1

"지혜는 그 얻은 자에게 생명나무라 지혜를 가진 자는 복되도다"- 잠 3:18

"아들들아 이제 내게 들으라 내 도를 지키는 자가 복이 있느니라"- 잠 8:32

"야곱의 하나님을 자기의 도움으로 삼으며 여호와 자기 하나님에게 자기의 소망을 두는 자는 복이 있도다"- 시 146:5

자신의 믿음으로 병 고침 받다

"이는 제 마음에 그 겉옷만 만져도 구원을 받겠다 함이라 예수께서 돌이켜 그를 보시며 이르시되 딸아 안심하라 네 믿음이 너를 구원하였다 하시니 여자가 그 즉시 구원을 받으니라"- 마 9:21-22

"이에 예수께서 그들의 눈을 만지시며 이르시되 너희 믿음대로 되라 하시니"- 마 9:29

"그 눈들이 밝아진지라 예수께서 엄히 경고하시되 삼가 아무에게도 알리지 말라 하셨으나"- 마 9:30

"이에 예수께서 대답하여 이르시되 여자여 네 믿음이 크도다 네 소원

대로 되리라 하시니 그때로부터 그의 딸이 나으니라 이는 내가 그의 옷에만 손을 대어도 구원을 받으리라 생각함일러라" - 막 5:28-29

"이에 그의 혈루 근원이 곧 마르매 병이 나은 줄을 몸에 깨달으니라" - 마 15:28

"예수께서 이르시되 딸아 네 믿음이 너를 구원하였으니 평안히 가라 네 병에서 놓여 건강할지어다" - 막 5:34

"예수께서 이르시되 가라 네 믿음이 너를 구원하였느니라 하시니 그가 곧 보게 되어 예수를 길에서 따르니라" - 막 10:52

"예수께서 이르시되 딸아 네 믿음이 너를 구원하였으니 평안히 가라 하시더라" - 눅 8:48

하지 말지니라

"삼가 이 작은 자 중의 하나도 업신여기지 말라 너희에게 말하노니 그들의 천사들이 하늘에서 하늘에 계신 내 아버지의 얼굴을 항상 뵈옵느니라" - 마 18:10

"두루 다니며 한담하는 자는 남의 비밀을 누설하나니 입술을 벌린 자

를 사귀지 말지니라"– 잠 20:19

"부자 되기에 애쓰지 말고 네 사사로운 지혜를 버릴지어다"– 잠 23:4

"미련한 자의 귀에 말하지 말지니 이는 그가 네 지혜로운 말을 업신여 길 것임이니라"– 잠 23:9

"네 마음으로 죄인의 형통을 부러워하지 말고 항상 여호와를 경외하라"– 잠 23:17

"너는 악인의 형통함을 부러워하지 말며 그와 함께 있으려고 하지도 말지어다"– 잠 24:1

"너희는 인생을 의지하지 말라 그의 호흡은 코에 있나니 셈할 가치가 어디 있느냐"– 사 2:22

"여호와께서 이와 같이 말씀하시되 지혜로운 자는 그의 지혜를 자랑하지 말라 용사는 그의 용맹을 자랑하지 말라 부자는 그의 부함을 자랑하지 말라"– 렘 9:23

"귀인들을 의지하지 말며 도울 힘이 없는 인생도 의지하지 말지니 그의 호흡이 끊어지면 흙으로 돌아가서 그날에 그의 생각이 소멸하리

로다"- 시 146:3-4

중보기도의 필요성

"그러므로 내가 첫째로 권하노니 모든 사람을 위하여 간구와 기도와
도고와 감사를 하되 임금들과 높은 지위에 있는 모든 사람을 위하여
하라 이는 우리가 모든 경건과 단정함으로 고요하고 평안한 생활을
하려 함이라 이것이 우리 구주 하나님 앞에서 선하고 받으실 만한 것
이니 하나님은 모든 사람이 구원을 받으며 진리를 아는 데에 이르기
를 원하시느니라"- 딤전 2:1-4

성도의 몸은 하나님의 성전

"너희는 너희가 하나님의 성전인 것과 하나님의 성령이 너희 안에 계
시는 것을 알지 못하느냐"- 고전 3:16

"너희 몸은 너희가 하나님께로부터 받은바 너희 가운데 계신 성령의
전인 줄을 알지 못하느냐 너희는 너희 자신의 것이 아니라 값으로 산
것이 되었으니 그런즉 너희 몸으로 하나님께 영광을 돌리라"- 고전
6:19-20

하나님이 받지 않으시는 제물

"여호와께서 말씀하시되 너희의 무수한 제물이 내게 무엇이 유익하뇨 나는 숫양의 번제와 살진 짐승의 기름에 배불렀고 나는 수송아지나 어린 양이나 숫염소의 피를 기뻐하지 아니하노라"– 사 1:11

"헛된 제물을 다시 가져오지 말라 분향은 내가 가증히 여기는 바요 월삭과 안식일과 대회로 모이는 것도 그러하니 성회와 아울러 악을 행하는 것을 내가 견디지 못하겠노라"– 사 1:13

"너희가 내게 번제나 소제를 드릴지라도 내가 받지 아니할 것이요 너희의 살진 희생의 화목제도 내가 돌아보지 아니하리라"– 암 5:22

하나님이 듣지 않으시는 기도

"너희가 손을 펼 때에 내가 내 눈을 너희에게서 가리고 너희가 많이 기도할지라도 내가 듣지 아니하리니 이는 너희의 손에 피가 가득함이라"– 사 1:15

"여호와의 손이 짧아 구원하지 못하심도 아니요 귀가 둔하여 듣지 못하심도 아니라 오직 너희 죄악이 너희와 너희 하나님 사이를 갈라놓았고 너희 죄가 그의 얼굴을 가리어서 너희에게서 듣지 않으시게 함

이라"- 사 59:1-2

"구하여도 받지 못함은 정욕으로 쓰려고 잘못 구하기 때문이라"- 약 4:3

성전 건축에 헌신하므로 인한 축복

"그는 나를 위하여 집을 건축할 것이요 나는 그의 왕위를 영원히 견고하게 하리라"- 대상 17:12

"너희는 산에 올라가서 나무를 가져다가 성전을 건축하라 그리하면 내가 그것으로 말미암아 기뻐하고 또 영광을 얻으리라 여호와가 말하였느니라"- 학 1:8

"여호와께서 스알디엘의 아들 유다 총독 스룹바벨의 마음과 남은 모든 백성의 마음을 감동시키시매 그들이 와서 만군의 여호와 그들의 하나님의 전 공사를 하였으니"- 학 1:14

"너희는 오늘 이전을 기억하라 아홉째 달 이십사일 곧 여호와의 성전지대를 쌓던 날부터 기억하여 보라 곡식 종자가 아직도 창고에 있느냐 포도나무, 무화과나무, 석류나무, 감람나무에 열매가 맺지 못하였느니라 그러나 오늘부터는 내가 너희에게 복을 주리라"- 학

2:18-19

"만군의 여호와가 이같이 말하노라 만군의 여호와의 집 곧 성전을 건
축하려고 그 지대를 쌓던 날에 있었던 선지자들의 입의 말을 이날에
듣는 너희는 손을 견고히 할지어다 이날 전에는 사람도 삯을 얻지 못
하였고 짐승도 삯을 받지 못하였으며 사람이 원수로 말미암아 평안
히 출입하지 못하였으나 내가 모든 사람을 서로 풀어주게 하였느니
라 만군의 여호와의 말씀이니라 이제는 내가 이 남은 백성을 대하기
를 옛날과 같이 아니할 것인즉 곧 평강의 씨앗을 얻을 것이라 포도나
무가 열매를 맺으며 땅이 산물을 내며 하늘은 이슬을 내리리니 내가
이 남은 백성으로 이 모든 것을 누리게 하리라" - 슥 8:9-12

가난한 자를 불쌍히 여기는 자

"가난한 자를 보살피는 자에게 복이 있음이여 재앙의 날에 여호와께
서 그를 건지시리로다" - 시 41:1

"가난한 사람을 학대하는 자는 그를 지으신 이를 멸시하는 자요 궁핍
한 사람을 불쌍히 여기는 자는 주를 공경하는 자니라" - 잠 14:31

"가난한 자를 불쌍히 여기는 것은 여호와께 꾸어 드리는 것이니 그의
선행을 그에게 갚아 주시리라" - 잠 19:17

"왕이 가난한 자를 성실히 신원하면 그의 왕위가 영원히 견고하리라"
– 잠 29:14

구제를 좋아하는 자

"네 손이 선을 베풀 힘이 있거든 마땅히 받을 자에게 베풀기를 아끼지 말며" – 잠 3:27

"흩어 구제하여도 더욱 부하게 되는 일이 있나니 과도히 아껴도 가난하게 될 뿐이니라 구제를 좋아하는 자는 풍족하여질 것이요 남을 윤택하게 하는 자는 자기도 윤택하여지리라" – 잠 11:24-25

"주라 그리하면 너희에게 줄 것이니 곧 후히 되어 누르고 흔들어 넘치도록 하여 너희에게 안겨 주리라 너희가 헤아리는 그 헤아림으로 너희도 헤아림을 도로 받을 것이니라" – 눅 6:38

"고넬료가 주목하여 보고 두려워 이르되 주여 무슨 일이니이까 천사가 이르되 네 기도와 구제가 하나님 앞에 상달되어 기억하신 바가 되었으니" – 행 10:4

죽이고 살리는 입술의 권세

"죽고 사는 것이 혀의 힘에 달렸나니 혀를 쓰기 좋아하는 자는 혀의 열매를 먹으리라" – 잠 18:21

"입을 지키는 자는 자기의 생명을 보전하나 입술을 크게 벌리는 자에게는 멸망이 오느니라" – 잠 13:3

"사람은 그 입의 대답으로 말미암아 기쁨을 얻나니 때에 맞는 말이 얼마나 아름다운고" – 잠 15:23

"한 마디 말로 총명한 자에게 충고하는 것이 매 백 대로 미련한 자를 때리는 것보다 더욱 깊이 박히느니라" – 잠 17:10

"세상에 금도 있고 진주도 많거니와 지혜로운 입술이 더욱 귀한 보배니라" – 잠 20:15

"입과 혀를 지키는 자는 자기의 영혼을 환난에서 보전하느니라" – 잠 21:23

"경우에 합당한 말은 아로새긴 은 쟁반에 금 사과니라" – 잠 25:11

이 책을 읽고 받은바 은혜나
깨달음이나 기도 제목 또는 감사할 일을 적어 보십시오.

재난재해안전
무릎 기도문
〈자녀용〉

불의의 재난 사고로부터
자신을 지키는 방법을
배우는 기도서!

재난재해안전
무릎 기도문
〈부모용〉

불의의 재난 사고로부터
자신을 지키는 방법을
배우는 기도서!

남편을 위한
무릎 기도문

사랑하는 남편의
신앙, 건강, 성공 등을
이루게 하는 아내의 기독서!

아내를 위한
무릎 기도문

아내를 끝까지 지켜주는
남편의 소망, 소원,
행복이 담긴 기도서!

워킹맘의
무릎 기도문

좋은 엄마/좋은 직원/
좋은 성도가 되기위해 노력하는
워킹맘의 기도서!

손자/손자를 위한
무릎 기도문

어린 손주 양육에
최선을 다하는 조부모의
손주를 위한 기도서!

태신자를 위한
무릎 기도문

새신자
무릎 기도문

교회학교 교사
무릎 기도문

선포(명령)
기도문

전도2관왕
할머니의 전도법

박순자 권사

1년에 젊은이 100여 명을 교회로 인도한
60대 할머니의 전도법과 주님께 받은 축복들!

두 자녀를 잘키운
삼숙씨의 이야기

정삼숙 사모

미국의 예일, 줄리어드, 노스웨스턴,이스트만,
브룩힐, 한예종, 예원중에서 수석도 하고 장학금과 지원금으로
그동안 10억여 원을 받으며 공부하는 두 아이지만,
그녀는 성품교육을 더 중요시했다.

엄마, 아빠!
저좀 잘 키워주세요

정삼숙 사모

성경적 영적성품 12가지 심기!
자식의 장래는 부모의 무릎 교육에 달려 있습니다.
자녀에게 성경적 영적성품을 신앙 유산으로 남겨 주십시오.
자녀는 하나님과 사람들에게 총애받는 인재가 됩니다.

잠언에서 배우는 지혜 12가지

정삼숙 사모

잠언에서 찾은 12가지 지혜 심기!
중·고·대·대학원 수석/장학생으로 키운 엄마의 드림법칙
자녀에게 성경적 지혜를 신앙 유산으로 남겨 주십시오.
자녀는 하나님과 사람들에게 총애받는 인재가 됩니다.

왜 울어? 난 괜찮아!

이동성 목사

1년에 젊은이 100여 명을 교회로 인도한
60대 할머니의 전도법과 주님께 받은 축복들!

하나님과 행복한 동행

최하중 장로

복음과 믿음 생활의 기본 요소 안내.
주님을 만나고 알아가는 과정에서
모든 이에게 적용 가능한 내용으로
누구나 믿음의 필요를 이해하고 예수님 안에서
매일매일 하나님과 행복한 동행을 위한 책!

응답받는 엄마기도 아빠기도

구름나무

자녀를 위한 30가지 제목 집중 기도서

이 책이 힘들고 외롭고 지친 많은 부모들에게
따뜻한 위안과 희망이 되고 사랑이 없는 곳에 사랑이 싹트고
소망이 없는 곳에 소망이 싹트는 하나님께서 보시기에
기뻐하시는 책이 될 수 있기를 소망합니다.

믿음을 탄탄하게 만들라

오세열 목사

우리를 근본적으로 변화시키는 그리스도를 아는 지식에
믿음을 견고하게 하는 강력 시멘트와 같은 글!
"오직 우리 주 곧 구주 예수 그리스도의 은혜와
그를 아는 지식에서 자라 가라"(벧후3:18).

망망한 바다 한가운데서 배 한 척이 침몰하게 되었습니다.
모두들 구명보트에 옮겨 탔지만 한 사람이 보이지 않았습니다.
절박한 표정으로 안절부절 못하던 성난 무리 앞에 급히 달려 나온 그 선원이
꼭 쥐고 있던 손바닥을 펴 보이며 말했습니다.
"모두들 나침반을 잊고 나왔기에… "
분명, 나침반이 없었다면 그들은 끝없이 바다 위를 표류할 수 밖에 없을 것입니다.

우리는 삶의 바다를 항해하는 모든 이들을 위하여
그 나침반의 역할을 하고 싶습니다.
우리를 구원하신 위대한 주 예수 그리스도를 널리 전하고 싶습니다.

"하나님은 모든 사람이 구원을 받으며
진리를 아는 데에 이르기를 원하시느니라"
(디모데전서 2장 4절)

네 입을 크게 열라 내가 채우리라

지은이 | 윤인일
발행인 | 김용호
발행처 | 나침반출판사

제1판 발행 | 2020년 1월 25일

등   록 | 1980년 3월 18일 / 제 2-32호
본   사 | 07547 서울특별시 강서구 양천로 583
          블루나인 비즈니스센터 B동 1607호
전   화 | 본사 (02) 2279-6321 / 영업부 (031) 932-3205
팩   스 | 본사 (02) 2275-6003 / 영업부 (031) 932-3207
홈   피 | www.nabook.net
이   멜 | nabook365@hanmail.net / nabook@nabook.net
일러스트 제공 | 게티이미지뱅크/iStock

ISBN   978-89-318-1590-0
책번호 가-9075

값은 뒷표지에 있습니다.